Inhalt

Zum Umgang mit diesem Heft 5

I. Klassische Kurzgeschichten – Erarbeitung ihrer Merkmale . . . 6
1. Eindrücke aus der Nachkriegszeit 6
2. Die Küchenuhr (Wolfgang Borchert)
   Aufbau der Kurzgeschichte 9
3. An der Brücke (Heinrich Böll)
   Personen und Ort der Handlung 12
4. Die Probe (Herbert Malecha)
   Stimmung und Atmosphäre 15
5. Aussagen zu den Merkmalen der Kurzgeschichte 20

II. Kurze Geschichten – Kreative Umgangsformen 21
1. Spaghetti für zwei (Federica de Cesco)
   Umsetzung in einen Fotoroman – Zusatzmaterialien 21
2. Ja, das ist machbar (Gabriele Wohmann)
   *Ein Interview entwickeln und spielen – Einen Telefondialog
   entwerfen – Einen Brief schreiben – Zusatzmaterialien* 32
3. Parkplatz auf Lebenszeit (Otto Heinrich Kühner)
   *Gemeinsames Schreiben eines Reisetagebuchs – Entwerfen einer
   Werbeanzeige – Zusatzmaterialien* 43
4. Stadtbesetzung (Wolfgang Bächler)
   Schreiben von Parallelgeschichten – Zusatzmaterialien 54
5. Der Großindustrielle (B. Traven)
   *Quizfragen beantworten – Einen Brief schreiben –
   Der Erzählerfigur nachspüren – Ein Plakat mit Fakten gestalten –
   Zusatzmaterialien* 65

Lehrerkommentar 81

Text- und Bildquellenverzeichnis 85

Zum Umgang mit diesem Heft

Liebe Schülerinnen und Schüler!

Klassische Kurzgeschichten und *moderne kurze Geschichten* – die in diesem Heft zusammengestellte Mischung soll euch einen Einblick in unterschiedliche Formen der modernen Kurzprosa geben.

Die klassischen Kurzgeschichten entstanden in der unmittelbaren Nachkriegszeit und spiegeln deren Atmosphäre wider. Die kurzen Geschichten sind dagegen jüngeren Datums und greifen – teilweise humorvoll oder satirisch – ganz verschiedene Themen auf.

Um euch diese Texte näher zu bringen, haben wir verschiedenartige Arbeitsvorschläge zusammengestellt, mit Hilfe derer ihr sowohl die Merkmale der Kurzgeschichte erarbeiten als auch handelnd und produktiv tätig werden könnt.

Ihr werdet z. B.

– einen Fotoapparat brauchen, um einen Text in einen Fotoroman umzusetzen

– ein Mikrofon benötigen, um ein Interview zu führen

– eurer Fantasie freien Lauf lassen können, um eine Werbeanzeige für ein Zukunftsprodukt zu entwerfen.

Bei einigen Texten habt ihr die Wahl zwischen unterschiedlichen Aufgabenstellungen. Ihr könnt allein, zu zweit oder in Gruppen zusammenarbeiten, um dann im Zusammenhang mit euren Ergebnissen intensiver über die Texte ins Gespräch zu kommen.

Zu fast allen Texten gibt es Zusatzmaterialien. Sie enthalten z. B. verschiedene Informationen und Anregungen, die euch bei der Bewältigung der Aufgaben helfen, sowie weiterführende Texte, die euch zum Lesen anreizen sollen.

Gutes Gelingen!

I. Klassische Kurzgeschichten –
Erarbeitung ihrer Merkmale

1. Eindrücke aus der Nachkriegszeit

[...]
Nun spürte er, wie müde und schwer seine Beine waren. Noch ein paar Schritte, spornte er sich an. Nur noch ein paar Schritte bis zu dem Haus da drüben. Vielleicht gibt's da wirklich was zu futtern.
Das gab es. Und mehr. Sogar eine Schlafstelle. In dem weitläufigen Keller
5 herrschte ein ständiges Kommen und Gehen. Zwei Frauen schöpften aus einem Waschkessel, der sich offenbar nie leerte, dicke Suppe.
Thomas hielt sein Kochgeschirr hin.
Wieder wurde er gefragt, ob er allein sei. Wieder erzählte er seine Geschichte. Wieder bekamen die Frauen mitleidige Augen. Du wirst sie schon
10 finden, deine Mutter. Selbstverständlich könne er über Nacht bleiben. Ein

6

alter Mann, der die Schlafplätze zuteilte, öffnete ihm einen Lattenverschlag, wies auf eine schmale Liege und wünschte ihm eine gute Nacht. Da hast du es gut getroffen, sagte er, Karaseks Keller ist nie feucht gewesen.
In einer Holzkiste fand er eine ausgefranste Soldatendecke. Unter der hatten schon viele geschlafen. Sie roch nach Keller und irgendwie nach Schuhwichse.
Nur noch mühsam schaffte er es, sich bequem hinzulegen, den Brotbeutel unter den Kopf zu stopfen, sich zuzudecken. In seinem Kopf war nichts mehr, bloß noch Schlaf. […]

Romanauszug aus: Peter Härtling „Krücke"

Sprecht über die Bilder und den Auszug aus Peter Härtlings Roman „Krücke". Welche Stimmungen und Eindrücke vermitteln sie euch?

Viele Schriftsteller (z. B. E. Langgässer, K. Kusenberg, W. Borchert, W. Schnurre, M.-L. Kaschnitz, S. Lenz, H. Böll) versuchten der Trostlosigkeit der Kriegs- und Nachkriegszeit Ausdruck zu verleihen. Jedoch spürten sie, dass die althergebrachten Textformen wie z. B. Roman, Novelle, Erzählung nicht geeignet waren, um die bedrängende Fülle der Eindrücke, Erfahrungen und Empfindungen in Worte zu fassen.

So suchten sie nach neuen Ausdrucksformen und entwickelten die Kurzgeschichte als zeittypische literarische Form. Ihr Vorbild war dabei unter anderem die amerikanische *short story,* auf die einige wichtige Autoren während ihrer Gefangenschaft in amerikanischen Lagern aufmerksam geworden waren.

Folgende bekannte deutsche Nachkriegs-Kurzgeschichten werden euch hier vorgestellt:
– Wolfgang Borchert: Die Küchenuhr
– Heinrich Böll: An der Brücke
– Herbert Malecha: Die Probe

Anhand dieser drei Kurzgeschichten lernt ihr die *Merkmale* dieser Textsorte genauer kennen. Diese werden für euch dadurch erkennbar, dass ihr zu jedem Text eine spezielle Aufgabe löst und anschließend aus einem Aussagenpool zutreffende Aussagen herausfiltert.

2. Die Küchenuhr –
Aufbau der Kurzgeschichte

Wolfgang Borchert kennt das Thema seiner Kurzgeschichte aus eigener, leidvoller Erfahrung. Als Zwanzigjähriger war er Soldat in Russland und klagte in Briefen von dort die Sinnlosigkeit und das Grauen des Krieges an, weshalb er wegen „Wehrkraftzersetzung" ins Gefängnis musste. Schon kurz nach dem Krieg begann er – schwer krank – das Leiden seiner Generation in Kurzgeschichten zu schildern.

Der Text liegt euch hier in mehreren Teilen vor.
Eure Aufgabe besteht nun darin, sie sinnvoll wieder zusammenzusetzen. Entscheidet euch für eine Reihenfolge.

Wolfgang Borchert: Die Küchenuhr

▲

Auf der Bank war es ganz still. Dann fragte die Frau: Und Ihre Familie? Er lächelte sie verlegen an: Ach, Sie meinen meine Eltern? Ja, die sind auch mit weg. Alles ist weg. Alles, stellen Sie sich vor. Alles weg. Er lächelte verlegen von einem zum anderen. Aber sie sahen ihn nicht an. Da hob er wieder die Uhr hoch und er lachte. Er lachte: Nur sie hier. Sie ist übrig. Und das Schönste ist ja, dass sie ausgerechnet um halb drei stehen geblieben ist. Ausgerechnet um halb drei. Dann sagte er nichts mehr. Aber er hatte ein ganz altes Gesicht. Und der Mann, der neben ihm saß, sah auf seine Schuhe. Aber er sah seine Schuhe nicht. Er dachte immerzu an das Wort Paradies.

■

Einen Atemzug lang war es ganz still auf der Bank. Dann sagte er leise: Und jetzt? Er sah die anderen an. Aber er fand sie nicht. Da sagte er der Uhr leise ins weißblaue runde Gesicht: Jetzt, jetzt weiß ich, dass es das Paradies war. Das richtige Paradies.

● Die auf der Bank in der Sonne saßen, sahen ihn nicht an. Einer sah auf seine Schuhe und die Frau sah in ihren Kinderwagen. Dann sagte jemand:
Sie haben wohl alles verloren?
Ja, ja, sagte er freudig, denken Sie, aber auch alles! Nur sie hier, sie ist übrig.
Und er hob die Uhr wieder hoch, als ob die anderen sie noch nicht kannten.
Aber sie geht doch nicht mehr, sagte die Frau.
Nein, nein, das nicht. Kaputt ist sie, das weiß ich wohl. Aber sonst ist sie doch noch ganz wie immer: weiß und blau. Und wieder zeigte er ihnen seine Uhr. Und was das Schönste ist, fuhr er aufgeregt fort, das habe ich Ihnen ja noch überhaupt nicht erzählt. Das Schönste kommt nämlich noch: Denken Sie mal, sie ist um halb drei stehen geblieben. Ausgerechnet um halb drei, denken Sie mal.
Dann wurde Ihr Haus sicher um halb drei getroffen, sagte der Mann und schob wichtig die Unterlippe vor. Das habe ich schon oft gehört. Wenn die Bombe runtergeht, bleiben die Uhren stehen. Das kommt von dem Druck.

Sie sahen ihn schon von weitem auf sich zukommen, denn er fiel auf. Er hatte ein ganz altes Gesicht, aber wie er ging, daran sah man, dass er erst zwanzig war. Er setzte sich mit seinem alten Gesicht zu ihnen auf die Bank. Und dann zeigte er ihnen, was er in der Hand trug.
Das war unsere Küchenuhr, sagte er und sah sie alle der Reihe nach an, die auf der Bank in der Sonne saßen. Ja, ich habe sie noch gefunden. Sie ist übrig geblieben.
Er hielt eine runde tellerweiße Küchenuhr vor sich hin und tupfte mit dem Finger die blaugemalten Zahlen ab.
Sie hat weiter keinen Wert, meinte er entschuldigend, das weiß ich auch. Und sie ist auch nicht so besonders schön. Sie ist nur wie ein Teller, so mit weißem Lack. Aber die blauen Zahlen sehen doch ganz hübsch aus, finde ich. Die Zeiger sind natürlich aus Blech. Und nun gehen sie auch nicht mehr. Nein. Innerlich ist sie kaputt, das steht fest. Aber sie sieht noch aus wie immer. Auch wenn sie jetzt nicht mehr geht.
Er machte mit der Fingerspitze einen vorsichtigen Kreis auf dem Rand der Telleruhr entlang. Und er sagte leise: Und sie ist übrig geblieben.

Er sah die anderen an, aber die hatten ihre Augen von ihm weggenommen. Er fand sie nicht. Da nickte er seiner Uhr zu: Dann hatte ich natürlich Hunger, nicht wahr? Und ich ging immer gleich in die Küche. Da war es dann fast immer halb drei. Und dann, dann kam nämlich meine Mutter. Ich konnte noch so leise die Tür aufmachen, sie hat mich immer gehört. Und wenn ich in der dunklen Küche etwas zu essen suchte, ging plötzlich das Licht an. Dann stand sie da in ihrer Wolljacke und mit einem roten Schal um. Und barfuß. Immer barfuß. Und dabei war unsere Küche gekachelt. Und sie machte ihre Augen ganz klein, weil ihr das Licht so hell war. Denn sie hatte ja schon geschlafen. Es war ja Nacht.
So spät wieder, sagte sie dann. Mehr sagte sie nie. Nur: So spät wieder. Und dann machte sie mir das Abendbrot warm und sah zu, wie ich aß. Dabei scheuerte sie immer die Füße aneinander, weil die Kacheln so kalt waren. Schuhe zog sie nachts nie an. Und sie saß so lange bei mir, bis ich satt war. Und dann hörte ich sie noch die Teller wegsetzen, wenn ich in meinem Zimmer schon das Licht ausgemacht hatte. Jede Nacht war es so. Und meistens immer um halb drei. Das war ganz selbstverständlich, fand ich, dass sie mir nachts um halb drei in der Küche das Essen machte. Ich fand das ganz selbstverständlich. Sie tat das ja immer. Und sie hat nie mehr gesagt als: So spät wieder. Aber das sagte sie jedes Mal. Und ich dachte, das könnte nie aufhören. Es war mir so selbstverständlich. Das alles. Es war doch immer so gewesen.

✿

Er sah seine Uhr an und schüttelte überlegen den Kopf. Nein, lieber Herr, nein, da irren Sie sich. Das hat mit den Bomben nichts zu tun. Sie müssen nicht immer von den Bomben reden. Nein. Um halb drei war ganz etwas anderes, das wissen Sie nur nicht. Das ist nämlich der Witz, dass sie gerade um halb drei stehen geblieben ist. Und nicht um Viertel nach vier oder um sieben. Um halb drei kam ich nämlich immer nach Hause. Nachts, meine ich. Fast immer um halb drei. Das ist ja gerade der Witz.

Sprecht über die Schwierigkeiten, die ihr beim Zusammenfügen der Kurzgeschichte hattet. Was fällt beim Aufbau besonders auf?
Vergleicht nun eure Versionen mit dem Lösungsmuster auf Seite 84.
Notiert eure Eindrücke.

_____
_____
_____

3. An der Brücke –
Personen und Ort der Handlung

Auch Heinrich Böll hatte als Soldat den Krieg erlebt – sieben Jahre lang. In der unmittelbaren Nachkriegszeit schrieb er eine Vielzahl von Kurzgeschichten.

Heinrich Böll: An der Brücke

Die haben mir meine Beine geflickt und haben mir einen Posten gegeben, wo ich sitzen kann; ich zähle die Leute, die über die neue Brücke gehen. Es macht ihnen ja Spaß, sich ihre Tüchtigkeit mit Zahlen zu belegen, sie berauschen sich an diesem sinnlosen Nichts aus ein paar Ziffern, und den
5 ganzen Tag, den ganzen Tag geht mein stummer Mund wie ein Uhrwerk, indem ich Nummer auf Nummer häufe, um ihnen abends den Triumph einer Zahl zu schenken.
Ihre Gesichter strahlen, wenn ich ihnen das Ergebnis meiner Schicht mitteile, je höher die Zahl, umso mehr strahlen sie, und sie haben Grund, sich befriedigt ins Bett zu legen, denn viele Tausende gehen täglich über ihre neue
10 Brücke …
Aber ihre Statistik stimmt nicht. Es tut mir Leid, aber sie stimmt nicht. Ich bin ein unzuverlässiger Mensch, obwohl ich es verstehe, den Eindruck von Biederkeit zu erwecken.
15 Insgeheim macht es mir Freude, manchmal einen zu unterschlagen und dann wieder, wenn ich Mitleid empfinde, ihnen ein paar zu schenken. Ihr Glück liegt in meiner Hand. Wenn ich wütend bin, wenn ich nichts zu rauchen habe, gebe ich nur den Durchschnitt an, manchmal unter dem Durchschnitt, und wenn mein Herz aufschlägt, wenn ich froh bin, lasse ich meine Großzü-
20 gigkeit in einer fünfstelligen Zahl verströmen. Sie sind ja so glücklich! Sie reißen mir förmlich das Ergebnis jedes Mal aus der Hand und ihre Augen leuchten auf und sie klopfen mir auf die Schulter. Sie ahnen ja nichts! Und dann fangen sie an zu multiplizieren, zu dividieren, zu prozentualisieren, ich weiß nicht was. Sie rechnen aus, wie viel heute jede Minute über die Brücke
25 gehen und wie viel in zehn Jahren über die Brücke gegangen sein werden. Sie lieben das zweite Futur, das zweite Futur ist ihre Spezialität – und doch, es tut mir Leid, dass alles nicht stimmt …
Wenn meine kleine Geliebte über die Brücke kommt – und sie kommt zweimal am Tage –, dann bleibt mein Herz einfach stehen. Das unermüdliche
30 Ticken meines Herzens setzt einfach aus, bis sie in die Allee eingebogen und verschwunden ist. Und alle, die in dieser Zeit passieren, verschweige ich

ihnen. Diese zwei Minuten gehören mir, mir ganz allein, und ich lasse sie mir nicht nehmen. Und auch wenn sie abends wieder zurückkommt aus ihrer Eisdiele, wenn sie auf der anderen Seite des Gehsteiges meinen stummen Mund passiert, der zählen, zählen muss, dann setzt mein Herz wieder aus, und ich fange erst wieder an zu zählen, wenn sie nicht mehr zu sehen ist. Und alle, die das Glück haben, in diesen Minuten vor meinen blinden Augen zu defilieren, gehen nicht in die Ewigkeit der Statistik ein: Schattenmänner und Schattenfrauen, nichtige Wesen, die im zweiten Futur der Statistik nicht mitmarschieren werden …

Es ist klar, dass ich sie liebe. Aber sie weiß nichts davon und ich möchte auch nicht, dass sie es erfährt. Sie soll nicht ahnen, auf welche ungeheure Weise sie alle Berechnungen über den Haufen wirft, und ahnungslos und unschuldig soll sie mit ihren langen braunen Haaren und den zarten Füßen in ihre Eisdiele marschieren und sie soll viel Trinkgeld bekommen. Ich liebe sie. Es ist ganz klar, dass ich sie liebe.

Neulich haben sie mich kontrolliert. Der Kumpel, der auf der anderen Seite sitzt und die Autos zählen muss, hat mich früh genug gewarnt und ich habe höllisch aufgepasst. Ich habe gezählt wie verrückt, ein Kilometerzähler kann nicht besser zählen. Der Oberstatistiker selbst hat sich drüben auf die andere Seite gestellt und hat später das Ergebnis einer Stunde mit meinem Stundenplan verglichen. Ich hatte nur einen weniger als er. Meine kleine Geliebte war vorbeigekommen und niemals im Leben werde ich dieses hübsche Kind ins zweite Futur transponieren lassen, diese meine kleine Geliebte soll nicht multipliziert und dividiert und in ein prozentuales Nichts verwandelt werden. Mein Herz hat mir geblutet, dass ich zählen musste, ohne ihr nachsehen zu können, und dem Kumpel drüben, der die Autos zählen muss, bin ich sehr dankbar gewesen. Es ging ja glatt um meine Existenz.

Der Oberstatistiker hat mir auf die Schulter geklopft und hat gesagt, dass ich gut bin, zuverlässig und treu. „Eins in der Stunde verzählt", hat er gesagt, „macht nicht viel. Wir zählen sowieso einen gewissen prozentualen Verschleiß hinzu. Ich werde beantragen, dass Sie zu den Pferdewagen versetzt werden."

Pferdewagen ist natürlich die Masche. Pferdewagen ist ein Lenz wie nie zuvor. Pferdewagen gibt es höchstens fünfundzwanzig am Tage, und alle halbe Stunde einmal in seinem Gehirn die nächste Nummer fallen zu lassen, das ist ein Lenz!

Pferdewagen wäre herrlich. Zwischen vier und acht dürfen überhaupt keine Pferdewagen über die Brücke und ich könnte spazieren gehen oder in die Eisdiele, könnte sie mir lange anschauen oder sie vielleicht ein Stück nach Hause bringen, meine kleine, ungezählte Geliebte …

Entscheidet euch für eine der beiden Aufgaben:

Aufgabe 1:
Versucht euch in diese Geschichte und in den Ort der Handlung hineinzuversetzen und zeichnet eine der geschilderten Situationen auf der Brücke als eine Art Momentaufnahme.
Seht noch einmal nach, welche Angaben im Text vorgegeben sind, und ergänzt das Nicht-Gesagte mit den Vorstellungen und Bildern, die sich in euch beim Lesen der Geschichte gebildet haben.
Überlegt:
– Welche Szene spricht euch am meisten an? Z. B. das Auftauchen des kontrollierenden Oberstatistikers oder …
– Aus welcher Perspektive wollt ihr die Momentaufnahme zeichnen?
  1. Vom gegenüberliegenden Ufer aus?
  2. Vom anderen Brückenende aus?
  3. Von der anderen Straßenseite aus?

Aufgabe 2:
Der zweite Zähler auf der Brücke sieht die Hauptperson Tag für Tag bei seiner Arbeit. Versetzt euch in seine Person und fertigt aus seiner Sicht eine Beschreibung der Hauptperson an.
Überprüft den Text zunächst auf Angaben zur Hauptperson und ergänzt sie mit euren Vorstellungen, die sich beim Lesen der Geschichte entwickelt haben.

Vergleicht eure Zeichnungen und Texte abschließend. Wahrscheinlich sind ganz unterschiedliche Vorstellungen von der Hauptperson und dem Ort der Handlung bei euch entstanden. Sprecht über die Unterschiede.
Notiert eure Erkenntnis.

_____

_____

4. Die Probe –
Stimmung und Atmosphäre

Herbert Malecha ist erstaunlich unbekannt; in kaum einem Lexikon wird man seinen Namen finden. Allerdings ist ihm 1955 mit „Die Probe" eine Kurzgeschichte gelungen, die damals einen Preis erhielt und bis heute zu den Klassikern der Kurzgeschichte gehört.

Beim Lesen der Geschichte werdet ihr zweimal auf zwei Textvarianten stoßen. Nur eine ist jeweils die orginale. Herausfinden könnt ihr sie, indem ihr die Textstellen intensiv mit der restlichen Geschichte und ihrer Stimmung und Atmosphäre vergleicht.

Herbert Malecha: Die Probe

Redluff sah, das schrille Quietschen der Bremsen noch in den Ohren, wie sich das Gesicht des Fahrers ärgerlich verzog. Mit zwei taumeligen Schritten war er wieder auf dem Gehweg. „Hat es Ihnen was gemacht?" Er fühlte sich am Ellbogen angefasst. Mit einer fast brüsken Bewegung machte er sich frei. „Nein, nein, schon gut. Danke", sagte er noch, beinah schon über die 5 Schulter, als er merkte, dass ihm der Alte nachstarrte.
Eine Welle von Schwäche stieg von seinen Knien auf, wurde fast zur Übelkeit. Das hätte ihm gerade gefehlt, angefahren auf der Straße liegen, eine gaffende Menge und dann die Polizei. Er durfte jetzt nicht schwach werden, nur weiterlaufen, unauffällig weiterlaufen zwischen den Vielen auf 10 der hellen Straße. Langsam ließ das Klopfen im Halse nach. Seit drei Monaten war er zum ersten Mal wieder in der Stadt, zum ersten Mal wieder unter so viel Menschen. Ewig konnte er in dem Loch sich ja nicht verkriechen, er musste einmal wieder raus, wieder Kontakt aufnehmen mit dem Leben, überhaupt raus aus allem. Ein Schiff musste sich finden lassen, 15 möglichst noch, bevor es Winter wurde. Seine Hand fuhr leicht über die linke Brustseite seines Jacketts, er spürte den Pass, der in der Innentasche steckte; gute Arbeit war dieser Pass, er hatte auch nicht schlecht dafür bezahlt.
Die Autos auf der Straße waren zu einer langen Kette aufgefahren. Nur 20 stockend schoben sie sich vorwärts. Menschen gingen an ihm vorbei, kamen ihm entgegen.

15

… er achtete darauf, dass sie ihn nicht streiften. Einem Platzregen von Gesichtern war er ausgesetzt, fahle Ovale, die sich mit dem wechselnden Reklamelicht verfärbten. Redluff strengte sich an, den Schritt der Vielen anzunehmen, mitzuschwimmen in dem Strom. Stimmen, abgerissene Gesprächsfetzen schlugen an sein Ohr, jemand lachte. Für eine Sekunde haftete sein Blick an dem Gesicht einer Frau, ihr offener, bemalter Mund sah schwarz gerändert aus. Die Autos fuhren jetzt an, ihre Motoren summten auf. Eine Straßenbahn schrammte vorbei. Und wieder Menschen, Menschen, ein Strom flutender Gesichter, Sprechen und hundertfache Schritte …

… er achtete darauf, dass sie ihn nicht streiften. Mit kräftigen Schritten lief er durch die Straßen. Redluff genoss es, so lässig durch die Stadt schlendern zu können. Fröhlich und munter wie er sich fühlte, begann er vorsichtig eine Melodie vor sich hinzupfeifen. Immer wieder schaute er den Passanten, die ihm entgegenkamen, in die Gesichter. Hübsche, lachende Mädchengesichter, rot geschminkte Lippen, hie und da ein freundlich zugewandter Blick. Viele schienen ihm genauso heiter zu sein wie er. Er fühlte, wie er innerlich zu tanzen begann. Die blinkende Lichtreklame, das Gewimmel von Menschen, Musik aus den Kaufhäusern, hundertfache Schritte auf den Gehwegen: das ganze quirlige Leben um ihn herum schien ihn zu beleben …

Redluff fuhr unwillkürlich mit der Hand an seinen Kragen. An seinem Hals merkte er, dass seine Finger kalt und schweißig waren. Wovor habe ich denn eigentlich Angst, verdammte Einbildung, wer soll mich denn schon erkennen in dieser Menge, sagte er sich. Aber er spürte nur zu genau, dass er in ihr nicht eintauchen konnte, dass er wie ein Kork auf dem Wasser tanzte, abgestoßen und weitergetrieben. Ihn fror plötzlich. Nichts wie verdammte Einbildung, sagte er sich wieder. Vor drei Monaten war das ja noch anders, da stand sein Name schwarz auf rotem Papier auf jeder Anschlagsäule zu lesen, Jens Redluff; nur gut, dass das Foto so schlecht war. Der Name stand damals fett in den Schlagzeilen der Blätter, wurde dann klein und kleiner, auch das Fragezeichen dahinter, rutschte in die letzten Spalten und verschwand bald ganz. Redluff war jetzt in eine Seitenstraße abgebogen, der Menschenstrom wurde dünner, noch ein paar Abbiegungen und die Rinnsale lösten sich auf, zerfielen in einzelne Gestalten, einzelne Schritte. Hier war es dunkler. Er konnte den Kragen öffnen und die Krawatte nachlassen. Der Wind brachte einen brackigen Lufthauch vom Hafen her. Ihn fröstelte.

Ein breites Lichtband fiel quer vor ihm über die Straße, jemand kam aus dem kleinen Lokal, mit ihm ein Dunst nach Bier, Qualm und Essen. Redluff ging hinein. Die kleine, als Café aufgetakelte Kneipe war fast leer, ein paar Soldaten saßen herum, grelle Damen in ihrer Gesellschaft. Auf den kleinen Tischen standen Lämpchen mit pathetisch roten Schirmen. Ein Musikautomat begann aus der Ecke zu hämmern. Hinter der Theke lehnte ein dicker Bursche mit bloßen Armen. Er schaute nur flüchtig auf.

„Konjak, doppelt", sagte Redluff zu dem Kellner. Er merkte, dass er seinen Hut noch in der Hand hielt und legte ihn auf den leeren Stuhl neben sich. Er steckte sich eine Zigarette an, die ersten tiefen Züge machten ihn leicht benommen. Schön warm war es hier, er streckte seine Füße lang aus. Die Musik hatte gewechselt. Über gezogen jaulenden Gitarretönen hörte er halblautes Sprechen, ein spitzes Lachen vom Nachbartisch. Gut saß es sich hier.

Der Dicke hinter der Theke drehte jetzt seinen Kopf nach der Tür. Draußen fiel eine Wagentür schlagend zu. Gleich darauf kamen zwei Männer herein, klein und stockig der eine davon. Er blieb in der Mitte stehen, der andere, im langen Ledermantel, steuerte auf den Nachbartisch zu. Keiner von beiden nahm seinen Hut ab. Redluff versuchte hinüberzuschielen, es durchfuhr ihn. Er sah, wie der Große sich über den Tisch beugte, kurz etwas Blinkendes in der Hand hielt. Die Musik hatte ausgesetzt. „What's he want?", hörte er den Neger vom Nebentisch sagen. „What's he want?" Er sah seine wulstigen Lippen sich bewegen. Das Mädchen kramte eine bunte Karte aus ihrer Handtasche. „What's he want?", sagte der Neger eigensinnig. Der Mann war schon zum nächsten Tisch gegangen. Redluff klammerte sich mit der einen Hand an die Tischkante. Er sah, wie die Fingernägel sich entfärbten. Der rauchige Raum schien ganz leicht zu schwanken, ganz leicht. Ihm war, als müsste er auf dem sich neigenden Boden jetzt langsam samt Tisch und Stuhl auf die andere Seite rutschen. Der Große hatte seine Runde beendet und ging auf den anderen zu, der immer noch mitten im Raum stand, die Hände in den Manteltaschen. Redluff sah, wie er zu dem Großen etwas sagte. Er konnte es nicht verstehen. Dann kam er geradewegs auf ihn zu.

„Sie entschuldigen", sagte er, „Ihren Ausweis, bitte!" Redluff schaute erst gar nicht auf das runde Metall in seiner Hand. Er drückte seine Zigarette aus und war plötzlich völlig ruhig. Er wusste es selbst nicht, was ihn mit einmal so ruhig machte, aber seine Hand, die in die Innentasche seines Jacketts fuhr, fühlte den Stoff nicht, den sie berührte, sie war wie von Holz. Der Mann blätterte langsam in dem Pass, hob ihn besser in das Licht. Redluff sah die Falten auf der gerunzelten Stirn, eins, zwei, drei. Der Mann gab ihm den

Pass zurück. „Danke, Herr Wolters", sagte er. Aus seiner unnatürlichen Ruhe heraus hörte Redluff sich selber sprechen. „Das hat man gern, so kontrolliert werden wie –", er zögerte etwas, „ein Verbrecher!" Seine Stimme
105 stand spröde im Raum. Er hatte doch gar nicht so laut gesprochen. „Man sieht manchmal jemand ähnlich", sagte der Mann, grinste, als hätte er einen feinen Witz gemacht. „Feuer?" Er fingerte eine halbe Zigarre aus der Manteltasche. Redluff schob seine Hand mit dem brennenden Streichholz längs der Tischkante ihm entgegen. Die beiden gingen.
110 Redluff lehnte sich in seinen Stuhl zurück. Die Spannung in ihm zerbröckelte, die eisige Ruhe schmolz. Er hätte jubeln können. Das war es, das war die Probe und er hatte sie bestanden. Triumphierend setzte der Musikautomat wieder ein. „He, Sie vergessen Ihren Hut", sagte der Dicke hinter der Theke. Draußen atmete er tief, seine Schritte schwangen weit aus.

115 … am liebsten hätte er gesungen. Rasch lief er wieder in die Hauptstraße. Eigentlich wollte er jetzt ins Kino gehen, doch als er von einer jungen hübschen Frau
120 angesprochen wurde, kam er davon ab. Leider hatte sie ihn mit einem anderen verwechselt, doch das machte nichts. Er betrachtete sich in einem nahe ge-
125 legenen Schaufenster und zog seine Krawatte fest. An einem Tanzlokal mit fröhlicher Musik und an einem Zeitungskiosk vorbei setzte er seinen Weg zielstre-
130 big fort.

… am liebsten hätte er gesungen. Langsam kam er wieder in belebtere Straßen, die Lichter nahmen zu, die Läden, die Leuchtzeichen an den Wänden. Aus einem Kino kam ein Knäuel Menschen, sie lachten und schwatzten, er mitten unter ihnen. Es tat ihm wohl, wenn sie ihn streiften. „Hans", hörte er eine Frauenstimme hinter sich, jemand fasste seinen Arm. „Tut mir Leid", sagte er und lächelte in das enttäuschte Gesicht. Verdammt hübsch, sagte er zu sich. Im Weitergehen nestelte er an seiner Krawatte. Dunkel glänzende Wagen sangen über dem blanken Asphalt, Kaskaden wechselnden Lichts ergossen sich von den Fassaden, Zeitungsver-
135 käufer riefen die Abendausgaben aus. Hinter einer großen, leicht beschlagenen Spiegelglasscheibe sah er undeutlich tanzende Paare; pulsierend drang die Musik abge-
140 dämpft bis auf die Straße.

Ihm war wie nach Sekt. Ewig hätte er so gehen können, so wie jetzt. Er gehörte wieder dazu, er hatte den Schritt der Vielen, es machte ihm keine Mühe mehr. Im Sog der Menge ging er über den großen Platz auf die große Halle zu mit ihren Ketten von Glühlampen und riesigen Transparenten. Um die Kassen vor dem Einlass drängten sich Menschen. Von irgendwoher flu- 145 tete Lautsprechermusik. Stand dort nicht das Mädchen von vorhin? Redluff stellte sich hinter sie in die Reihe. Sie wandte den Kopf, er spürte einen Hauch von Parfüm. Dicht hinter ihr zwängte er sich durch den Einlass. Immer noch flutete die Musik, er hörte ein Gewirr von Hunderten von Stim- men. Ein paar Polizisten suchten etwas Ordnung in das Gedränge zu brin- 150 gen. Ein Mann in einer Art Portiersuniform nahm ihm seine Einlasskarte ab. „Der, der!", rief er auf einmal und deutete aufgeregt hinter ihm her. Gesich- ter wandten sich, jemand im schwarzen Anzug kam auf ihn zu, ein blitzen- des Ding in der Hand. Gleißendes Scheinwerferlicht übergoss ihn. Jemand drückte ihm einen Riesenblumenstrauß in die Hände. Zwei strahlend 155 lächelnde Mädchen hakten ihn rechts und links unter, Fotoblitze zuckten. Und zu allem dröhnte eine geölte Stimme, die vor innerer Freudigkeit fast zu bersten schien: „Ich darf Ihnen im Namen der Direktion von ganzem Her- zen gratulieren, Sie sind der hunderttausendste Besucher der Ausstellung!" Redluff stand wie betäubt. „Und jetzt sagen Sie uns Ihren werten Namen", 160 schmalzte die Stimme unwiderstehlich weiter. „Redluff, Jens Redluff", sagte er, noch ehe er wusste, was er sagte, und schon hatten es die Laut- sprecher dröhnend bis in den letzten Winkel der riesigen Halle getragen. Der Kordon der Polizisten, der eben noch die applaudierende Menge zurückgehalten hatte, löste sich langsam auf. Sie kamen auf ihn zu. 165

Begründet eure Entscheidung in Bezug auf die beiden Textstellen. Be-
schreibt in Stichworten die Atmosphäre der Situation und die Stim-
mungslage der Hauptfigur.

5. Aussagen zu den Merkmalen der Kurzgeschichte

> Markiert in den vier Pools die Aussagen, die eurer Meinung nach auf die gelesenen Kurzgeschichten zutreffen.

---

genau beschrieben
vorbildlich
kaum Angaben
ausführlich charakterisiert
Durchschnittsmensch

Hauptperson

heldenhaft
außergewöhnlich
unauffällig
charakterstark   meist namenlos
Innenleben bedeutsam
standhaft   gewöhnlich

---

kompliziert   leicht nachvollziehbar
mit mehreren Hauptfiguren
mit vielen Aktionen
aus mehreren Teilen bestehend

Handlung

dramatisch   es geschieht wenig
ausschnitthaft
unkompliziert   unspektakulär
mit deutlicher Spannungskurve
für die Hauptperson
von großer Bedeutung   einfach

---

historisch
symbolträchtig
für die Handlung bedeutsam
genau beschrieben

Ort

mehrere, wechselnde Orte
unwichtig
allgemein bekannt
gut vorstellbar
kaum beschrieben

---

heiter   ruhig
bedrückend
düster
betroffen machend   fröhlich

Atmosphäre

nüchtern
illusionslos
gelassen   dramatisch
ausgeglichen
spannungsgeladen   aufgeregt

> Fasst eure Erkenntnisse über die Textsorte *Kurzgeschichte* aus den einzelnen Aufgaben zusammen.
> Vergleicht eure Ergebnisse mit der Kurz-Info zur Kurzgeschichte auf Seite 83.

II. Kurze Geschichten –
Kreative Umgangsformen

1. Spaghetti für zwei –
Umsetzung in einen Fotoroman

Die Italienerin Federica de Cesco lebte, bevor sie sich in der Schweiz niederließ, in Äthiopien, Deutschland, Frankreich, Spanien und Belgien. Immer wieder wurde sie in dieser Zeit mit Vorbehalten und Vorurteilen von einheimischen Menschen Ausländern gegenüber konfrontiert. Diese Erfahrungen bewogen sie, sich speziell mit dem Thema „Fremdsein" in ihren Büchern zu beschäftigen. In recht humorvoller, witziger Weise tut sie das auch in der folgenden Kurzgeschichte.

Federica de Cesco: Spaghetti für zwei

Heinz war bald vierzehn und fühlte sich sehr cool. In der Klasse und auf dem Fußballfeld hatte er das Sagen. Aber richtig schön würde das Leben erst werden, wenn er im nächsten Jahr seinen Töff (schweizerischer Ausdruck für Moped) bekam und den Mädchen zeigen konnte, was für ein Kerl er war. Er mochte Monika, die Blonde mit den langen Haaren aus der Parallelklasse, 5 und ärgerte sich über seine entzündeten Pickel, die er mit schmutzigen Nägeln ausdrückte. Im Unterricht machte er gerne auf Verweigerung. Die Lehrer sollten bloß nicht auf den Gedanken kommen, dass er sich anstrengte. Mittags konnte er nicht nach Hause, weil der eine Bus zu früh, der andere zu spät abfuhr. So aß er im Selbstbedienungsrestaurant, gleich gegenüber 10 der Schule. Aber an manchen Tagen sparte er lieber das Geld und verschlang einen Hamburger an der Stehbar. Samstags leistete er sich dann eine neue Kassette, was die Mutter natürlich nicht wissen durfte. Doch manchmal – so wie heute – hing ihm der Big Mac zum Hals heraus. Er hatte Lust auf ein richtiges Essen. Einen Kaugummi im Mund, stapfte er 15 mit seinen Cowboystiefeln die Treppe zum Restaurant hinauf. Die Reißverschlüsse seiner Lederjacke klimperten bei jedem Schritt. Im Restaurant trafen sich Arbeiter aus der nahen Möbelfabrik, Schüler und Hausfrauen mit Einkaufstaschen und kleinen Kindern, die Unmengen Cola tranken, Pommes frites verzehrten und fettige Fingerabdrücke auf 20 den Tischen hinterließen. Viel Geld wollte Heinz nicht ausgeben; er sparte es lieber für die nächste Kassette. „Italienische Gemüsesuppe" stand im Menü. Warum nicht? Immer

noch seinen Kaugummi mahlend, nahm Heinz ein Tablett und stellte sich an.
25 Ein schwitzendes Fräulein schöpfte die Suppe aus einem dampfenden Topf.
Heinz nickte zufrieden. Der Teller war ganz ordentlich voll. Eine Schnitte
Brot dazu und er würde bestimmt satt. Er setzte sich an einen freien Tisch,
nahm den Kaugummi aus dem Mund und klebte ihn unter den Stuhl. Da
merkte er, dass er den Löffel vergessen hatte. Heinz stand auf und holte sich
30 einen. Als er zu seinem Tisch zurückstapfte, traute er seinen Augen nicht:
Ein Schwarzer saß an seinem Platz und aß seelenruhig seine Gemüsesuppe!
Heinz stand mit seinem Löffel fassungslos da, bis ihn die Wut packte. Zum
Teufel mit diesen Asylbewerbern! Der kam irgendwo aus Uagadugu, wollte
sich in der Schweiz breit machen und jetzt fiel ihm nichts Besseres ein, als
35 ausgerechnet seine Gemüsesuppe zu verzehren! Schon möglich, dass so was
den afrikanischen Sitten entsprach, aber hierzulande war das eine bodenlo-
se Unverschämtheit! Heinz öffnete den Mund, um dem Menschen lautstark
seine Meinung zu sagen, als ihm auffiel, dass die Leute ihn komisch ansa-
hen. Heinz wurde rot. Er wollte nicht als Rassist gelten. Aber was nun?
40 Plötzlich fasste er einen Entschluss. Er räusperte sich vernehmlich, zog
einen Stuhl zurück und setzte sich dem Schwarzen gegenüber. Dieser hob
den Kopf, blickte ihn kurz an und schlürfte ungestört die Suppe weiter.
Heinz presste die Zähne zusammen, dass seine Kinnbacken schmerzten.
Dann packte er energisch den Löffel, beugte sich über den Tisch und tauch-
45 te ihn in die Suppe. Der Schwarze hob abermals den Kopf. Sekundenlang
starrten sie sich an. Heinz bemühte sich, die Augen nicht zu senken. Er führ-
te mit leicht zitternder Hand den Löffel zum Mund und tauchte ihn zum
zweiten Mal in die Suppe. Seinen vollen Löffel in der Hand, fuhr der
Schwarze fort, ihn stumm zu betrachten. Dann senkte er die Augen auf sei-
50 nen Teller und aß weiter. Eine Weile verging. Beide teilten sich die Suppe,
ohne dass ein Wort fiel. Heinz versuchte nachzudenken. „Vielleicht hat der
Mensch kein Geld, muss schon tagelang hungern. Dann sah er die Suppe da
stehen und bediente sich einfach. Schon möglich, wer weiß? Vielleicht
würde ich mit leerem Magen ähnlich reagieren? Und Deutsch kann er an-
55 scheinend auch nicht, sonst würde er da nicht sitzen wie ein Klotz. Ist doch
peinlich. Ich an seiner Stelle würde mich schämen. Ob Schwarze wohl rot
werden können?"
Das leichte Klirren des Löffels, den der Afrikaner in den leeren Teller legte,
ließ Heinz die Augen heben. Der Schwarze hatte sich zurückgelehnt und sah
60 ihn an. Heinz konnte seinen Blick nicht deuten. In seiner Verwirrung lehnte
er sich ebenfalls zurück. Schweißtropfen perlten auf seiner Oberlippe, sein
Pulli juckte und die Lederjacke war verdammt heiß! Er versuchte den
Schwarzen abzuschätzen. „Junger Kerl. Etwas älter als ich. Vielleicht sechzehn oder sogar schon achtzehn. Normal angezogen: Jeans, Pulli, Wind-

22

jacke. Sieht eigentlich nicht wie ein Obdachloser aus. Immerhin, der hat meine halbe Suppe aufgegessen und sagt nicht einmal danke! Verdammt, ich habe noch Hunger!"

Der Schwarze stand auf. Heinz blieb der Mund offen. „Haut der tatsächlich ab? Jetzt ist aber das Maß voll! So eine Frechheit! Der soll mir wenigstens die halbe Gemüsesuppe bezahlen!" Er wollte aufspringen und Krach schlagen. Da sah er, wie sich der Schwarze mit einem Tablett in der Hand wieder anstellte. Heinz fiel unsanft auf seinen Stuhl zurück und saß da wie ein Ölgötze. „Also doch: Der Mensch hat Geld! Aber bildet der sich vielleicht ein, dass ich ihm den zweiten Gang bezahle?"

Heinz griff hastig nach seiner Schulmappe. „Bloß weg von hier, bevor er mich zu Kasse bittet: Aber nein, sicherlich nicht. Oder doch?"

Heinz ließ die Mappe los und kratzte nervös an einem Pickel. Irgendwie wollte er wissen, wie es weiterging. Der Schwarze hatte einen Tagesteller bestellt. Jetzt stand er vor der Kasse und – wahrhaftig – er bezahlte! Heinz schniefte:„Verrückt!", dachte er. „Total gesponnen!"

Da kam der Schwarze zurück. Er trug das Tablett, auf dem ein großer Teller Spaghetti stand, mit Tomatensauce, vier Fleischbällchen und zwei Gabeln. Immer noch stumm, setzte er sich Heinz gegenüber, schob den Teller in die Mitte des Tisches, nahm eine Gabel und begann zu essen, wobei er Heinz ausdruckslos in die Augen schaute. Heinz' Wimpern flatterten. Heiliger Strohsack! Dieser Typ forderte ihn tatsächlich auf, die Spaghetti mit ihm zu teilen! Heinz brach der Schweiß aus. Was nun? Sollte er essen? Nicht essen? Seine Gedanken überstürzten sich. Wenn der Mensch doch wenigstens reden würde! „Na gut. Er aß die Hälfte meiner Suppe, jetzt esse ich die Hälfte seiner Spaghetti, dann sind wir quitt!" Wütend und beschämt griff Heinz nach der Gabel, rollte die Spaghetti auf und steckte sie in den Mund. Schweigen. Beide verschlangen die Spaghetti. „Eigentlich nett von ihm, dass er mir eine Gabel brachte", dachte Heinz. „Da komme ich noch zu einem guten Spaghettiessen, das ich mir heute nicht geleistet hätte. Aber was soll ich jetzt sagen? Danke? Saublöd! Einen Vorwurf machen kann ich ihm auch nicht mehr. Vielleicht hat er gar nicht gemerkt, dass er meine Suppe aß. Oder vielleicht ist es üblich in Afrika, sich das Essen zu teilen? Schmecken gut, die Spaghetti. Das Fleisch auch. Wenn ich nur nicht so schwitzen würde!"

Die Portion war sehr reichlich. Bald hatte Heinz keinen Hunger mehr. Dem Schwarzen ging es ebenso. Er legte die Gabel aufs Tablett und putzte sich mit der Papierserviette den Mund ab. Heinz räusperte sich und scharrte mit den Füßen. Der Schwarze lehnte sich zurück, schob die Daumen in die Jeanstaschen und sah ihn an. Undurchdringlich. Heinz kratzte sich unter dem Rollkragen, bis ihm die Haut schmerzte. „Heiliger Bimbam! Wenn ich

nur wüsste, was er denkt!" Verwirrt, schwitzend und erbost ließ er seine Blicke umherwandern. Plötzlich spürte er ein Kribbeln im Nacken. Ein Schauer jagte ihm über die Wirbelsäule von den Ohren bis ans Gesäß. Auf dem Nebentisch, an den sich bisher niemand gesetzt hatte, stand – einsam 110 auf dem Tablett – ein Teller kalter Gemüsesuppe. Heinz erlebte den peinlichsten Augenblick seines Lebens. Am liebsten hätte er sich in ein Mauseloch verkrochen. Es vergingen zehn volle Sekunden, bis er es endlich wagte, dem Schwarzen ins Gesicht zu sehen. Der saß da, völlig entspannt und cooler, als Heinz es je sein würde, und wippte leicht mit dem Stuhl hin und her. 115 „Äh …", stammelte Heinz, feuerrot im Gesicht. „Entschuldigen Sie bitte. Ich …"
Er sah die Pupillen des Schwarzen aufblitzen, sah den Schalk in seinen Augen schimmern. Auf einmal warf er den Kopf zurück, brach in dröhnendes Gelächter aus. Zuerst brachte Heinz nur ein verschämtes Glucksen zu-120 stande, bis endlich der Bann gebrochen war und er aus vollem Hals in das Gelächter des Afrikaners einstimmte. Eine Weile saßen sie da, von Lachen geschüttelt.
Dann stand der Schwarze auf, schlug Heinz auf die Schulter. „Ich heiße Marcel", sagte er in bestem Deutsch. „Ich esse jeden Tag hier. Sehe ich dich 125 morgen wieder? Um die gleiche Zeit?"
Heinz' Augen tränten, sein Zwerchfell glühte und er schnappte nach Luft. „In Ordnung", keuchte er. „Aber dann spendiere ich die Spaghetti!"

Setzt die Kurzgeschichte in einen Fotoroman um. Schaut euch zunächst das Beispiel an und informiert euch dann über die wichtigsten Merkmale.

Fotoroman, Bildgeschichte, die meist triviale Fabeln mithilfe von fotografierten Szenenfolgen (ähnlich film. Standbildern) schildert. Knappe Textteile sind in die Bilder einmontiert (Sprechblasen) oder werden in einer Randspalte wieder gegeben. F. folgen dabei ähnl. Rezeptionsmustern und bildnerisch-textl. Ordnungsstrukturen wie gezeichnete Comics; meist für den schnellen Massenkonsum gedacht.

Solche Fotoromane kennt ihr sicherlich:

Fotostandbilder, die die wichtigsten Szenen der Geschichte nachstellen, werden dabei aneinander gereiht.
- Sie verdeutlichen die Zeit und den Ort der Handlung,
- bringen die Gefühle der beteiligten Personen durch Mimik und Gestik zum Ausdruck und
- zeigen Requisiten, die für den Verlauf der Handlung bedeutsam sind.

Die *Textteile* eines Fotoromans sind äußerst knapp gehalten, d. h. auf das Wichtigste reduziert. Man teilt sie in *Vortext, Zwischentexte, Sprech- und Gedankenblasen* ein.
- Der *Vortext* enthält wichtige Vorinformationen, die man z. B. nicht in Bildern fassen kann oder will.
- *Zwischentexte* verbinden einzelne Bilder, zeigen Zeitsprünge und Ortswechsel an, stellen andere Personen vor usw.
- *Sprech- und Gedankenblasen* geben Gesprochenes und Gedachtes wieder.

Folgende Arbeitsschritte helfen euch bei der Bewältigung der Aufgabe:

1. Markiert mit einem farbigen Textmarker die Stellen im Text, die durch ein Foto dargestellt werden sollen.

Beispiel:
Viel Geld wollte Heinz nicht ausgeben; er sparte es lieber für die nächste Kassette. „Italienische Gemüsesuppe" stand im Menü. Warum nicht? Immer noch seinen Kaugummi mahlend, nahm Heinz ein Tablett und stellte sich an. Ein schwitzendes Fräulein schöpfte die Suppe aus einem dampfenden Topf. Heinz nickte zufrieden. Der Teller war ganz ordentlich voll. Eine Schnitte Brot dazu, und er würde bestimmt satt.
Er setzte sich an einen freien Tisch, nahm den Kaugummi aus dem Mund und klebte ihn unter den Stuhl. Da merkte er, dass er den Löffel vergessen hatte. Heinz stand auf und holte sich einen. Als er zu seinem Tisch zurückstapfte, traute er seinen Augen nicht: Ein Schwarzer saß an seinem Platz und aß seelenruhig seine Gemüsesuppe!
Heinz stand mit seinem Löffel fassungslos da, bis ihn die Wut packte...

2. Skizzenentwürfe zu den Fotos helfen euch bei der Planung und Realisierung der Aufnahmen.
Überlegt:
– Was soll auf den einzelnen Fotos zu sehen sein?
– Welche Mimik und Gestik unterstreicht das Denken und Handeln der Beteiligten?
– Welche Requisiten werden benötigt?
– Welche Kameraeinstellung (siehe Infokarte) ist für das jeweilige Foto angebracht?

Beispiel:

Kameraeinstellung: amerikanisch

Requisiten: Tisch, Stuhl, Suppenteller, 2 Löffel

Mimik:
Heinz: etwas geöffneter Mund, böse gerunzelte Stirn

Marcel: gleichgültig, aber freundlich

Gestik:
Heinz: Hand in der Hosentasche verkrampft

Marcel: _____

3. Schreibt nun für euren Fotoroman den kurzen Vortext, die passenden Zwischentexte sowie die entsprechenden Sprech- und Gedankenblasen, um den Handlungsverlauf der Geschichte nachvollziehbar zu machen.

4. Stellt eure Fotos mit allen Textteilen zu dem Fotoroman „Spaghetti für zwei" zusammen.

Beispiel:

Info-Karte Info-Karte Info-Karte Info-Karte Info-Karte

Die wichtigsten Einstellungsgrößen

Halbtotale Amerikanische Einstellung Nah

Groß Detail

Zwischen folgenden Kameraeinstellungen solltet ihr variieren:

1. **Halbtotale:** Sie zeigt den Ort der Handlung aus näherer Entfernung und stellt, wenn auch distanziert, die Personen der Geschichte vor.
2. **Amerikanische Einstellung:** Sie zeigt die Person vom Kopf bis etwa zu den Knien.
3. **Nah:** Sie umfasst die Person vom Kopf bis zur Taille und hält somit gut die Gestik fest.
4. **Großaufnahme:** Sie zeigt nur den Kopf der Person, dadurch kann das Mienenspiel und die Gemütsverfassung einer Person deutlich herausgestellt werden.
5. **Detailaufnahme:** Sie zeigt einen minimalen Ausschnitt von besonderer Bedeutung.

Zusatzmaterialien

Barbara Rhenius:
Ohne Ausländer?

Döner Kebab, gleich ums Eck',
auf dem Marktplatz ein Big Mac,
Türkenshops, Amerika:
Ohne sie wär das nicht da!

Pizza und Spaghetti-Eis,
Frühlingsrolle, Nudeln, Reis:
In Italien ausgedacht,
von Chinesen mitgebracht.

Griechen brachten uns Rosinen,
Spanier schicken Apfelsinen,
Ketschup kommt von den Japanern,
Weihnachtsobst von Afrikanern.

Asterix und Obelix,
Camembert und auch Pommes frites:
Hast du drüber nachgedacht?
Das hat Frankreich uns gemacht!

Rap und Michael-Jackson-Songs,
Hamburger und Fruchtbonbons,
Chips und Jeans und vieles mehr …
Alles kommt vom Ausland her!

Ohne Ausland kein Kaffee!
Kelly-Family: Ade!
Niemals wieder Schokolade!
Ehrlich: Wäre das nicht schade?

Was die Ausländer uns schenken:
Ohne all das möchte ich
    mir ein Leben nicht mehr denken!

Karlhans Frank:
Du und ich

Du bist anders als ich,
    ich bin anders als du.
Gehen wir auf-
    einander zu,
schauen uns an,
    erzählen uns dann,
was du gut kannst,
    was ich nicht kann,
was ich so treibe,
    was du so machst,
worüber du weinst,
    worüber du lachst,
ob du Angst spürst bei Nacht,
    welche Sorgen ich trag,
welche Wünsche du hast,
    welche Farben ich mag,
was traurig mich stimmt,
    was Freude mir bringt,
wie wer was bei euch kocht,
    wer was wie bei uns singt …
Und plötzlich erkennen wir
    – waren wir blind? –
dass wir innen uns
    äußerst ähnlich sind.

Hans Manz:
Eine wahre Alltagsgeschichte

Mein Tür-an-Tür-Nachbar,
ein Chinese aus Hongkong,
kehrt, wenn er
mit dem Besen kehrt,
zuerst vor meiner Tür,
erst dann vor der seinen.
Er kennt unsere Redensart
vom Kehren vor Türen nicht.
Mir ist sie geläufig,
habe mich aber inzwischen
auch von ihr abgekehrt
und kehre, wenn ich
mit dem Besen kehre,
zuerst vor der Tür meines Nachbarn,
des Chinesen aus Hongkong,
und dann erst vor meiner.
So sind bei seiner
Rückkehr von der Arbeit
oder bei meiner Heimkehr
die Treppen immer blank –
und die alten Regeln hinweggekehrt.
Kehraus der Abgrenzungen.

VON GLÜCKLICHEN HÜHNERN

2. Ja, das ist machbar –
Ein Interview entwickeln und spielen –
Einen Telefondialog entwerfen –
Einen Brief schreiben

Im Verhältnis zwischen Jugendlichen und ihren Eltern gibt es immer wieder Spannungen.

Überlegt selbst:

Das erwarte ich   Das erwarten
von meinen Eltern: meine Eltern von mir:

Mit besonderen Erwartungen seitens der Eltern, und zwar recht problematischen, setzt sich der folgende Text von Gabriele Wohmann auseinander.

Gabriele Wohmann: Ja, das ist machbar

Das Telefon klingelte! Ganz sicher Gerd Wagner, endlich! Maxi nahm auf
der Treppe ins Parterre zwei Stufen auf einmal, wobei sie sich am Geländer
abstützte. Beim Blick auf den unteren Flur bremste sie Schwung und Tempo
und gab sich Mühe, einen gleichmütigen Eindruck zu erwecken. Da stand
ihre Mutter, sie band sich die Schürze mit den lustigen bunten Rezeptauf-   5
drucken ab – die einzige Schürze, die sie anzuziehen bereit war. Maxi erkannte an ihrem gespannten, freudig aufgeregten Gesicht, was vorging.
Außerdem machte ihre Mutter „Pscht" und legte ihre rechte Hand auf ihren
um zehn Uhr morgens schon voll geschminkten Mund. Dieser Anrufer war
nicht Gerd Wagner, Maxis Freund, der in den Augen ihrer Eltern Maxis Bio-   10
graphie um das Konzept brachte. Und die Schürze band die Mutter los, als
sei der Anrufer als leibhaftiger Gast anwesend.
Ja, das ist machbar, sagte Maxis Vater nun schon zum dritten Mal ins Telefon. Zugleich dienerhaft erbötig und dann wieder stolz wie ein Besitzer
hörte er sich an. Nun mußte er eine Zeit lang den andern sprechen lassen.   15
Jetzt war er wieder an der Reihe und sagte: Sehr erfreut. Klingt vielverspre-
chend. Ist machbar, ja. Von einem Formtief kann keine Rede mehr sein, will
sagen, wir sind im Begriff, das wegzukriegen. Voll in den Griff zu kriegen.
Maxi wußte, wer da mit ihrem Vater telefonierte und Anweisungen gab. Herr
Bilka, ihr neuer Trainer.   20
Maxi wird ihre Aufschlagtechnik verbessern. Sie wird sich auch darauf ein-
stellen, daß sie es bei Caterina Bellini mit einer Linkshänderin zu tun hat, ver-
fügte Maxis Vater. Gewiß, Herr Bilka. Das schaffen wir. Die Termine liegen
dichtauf, aber das schaffen wir. Maxis Kondition ist gut. Hier in ihrem Heimatort erholt sie sich ja immer am besten. Auf Sand üben und noch mal üben, 25
so heißt das Gebot der Stunde. Das war ein vorübergehendes Tief, sie war zu
lang unterwegs. Obwohl, es gibt Zerstreuungen, Freunde … wir müssen ein
bißchen aufpassen. Maxi ist erst sechzehn, in diesem Alter fehlt manchmal
der nötige Ernst, aber machbar ist das schon. Doch ja, das ist machbar.
Maxis Mutter schnitt Grimassen, die leicht zu deuten waren. Es geht auf-   30
wärts, wie es aussieht, schien sie sagen zu wollen. Herr Bilka scheint prima
Termine gemacht zu haben. Wir rücken auf die wichtigen Turniere zu,
immer dichter.
Maxis Stimmung war schon umdüstert, aber dann empfand sie Ekel, als der
Vater aufgelegt hatte und seiner Tochter zurief: Ein tolles Programm steht   35
uns ins Haus. Herr Bilka wächst wirklich über sich hinaus.
Wie gut es doch war, daß wir den Trainer gewechselt haben, sagte Maxis
Mutter. Braucht sie nicht eigentlich noch einen Coach, oder ist das dasselbe
wie ein Trainer?

40 Statt einer Antwort predigte Maxis Vater: Man darf nicht bescheiden sein.
Nie zaghaft, nie sich ducken, nur nie bescheiden. Hört mal zu, vor allem du,
Maxi, was in den nächsten drei Monaten ansteht. Ich hab sogar Japan auf der
Liste.
Oh, Japan, jauchzte Maxis Mutter, die nun mit irgend jemandem tanzen zu
45 wollen schien, entweder mit ihrem Mann oder mit Maxi, aber die wandte
sich weg, und ihr Mann studierte seine Notizen, die er im Verlauf des Tele-
fonats gemacht hatte. Er fing an, daraus vorzulesen, und plötzlich mochte
Maxi ihn nicht und nicht die Art, wie er Städtenamen hervorhob. Und Grand
Slam, wie er das aussprach, US-Open, und wie angeberisch er von Sand-
50 plätzen und Rasen redete. Maxi ging sein Satz „Es ist machbar" als Refrain
im Kopf herum.
Wir haben noch eine gehörige Strecke vor uns, also steh nicht rum, Maxi,
sagte ihr Vater, und als sie eine Kehrtwendung machen wollte, rief ihre Mutter: Wohin, Maxi? Deine Aufbaukost, alles fertig, nun iß erst mal schön. In
55 der Kücheneßecke geriet Maxi ins Träumen, während ihre Mutter mit dem
Mixer lärmte, um immer noch mehr Früchte auszupressen. In vergnügter
Ungeduld lehnte Maxis Vater in Türrahmen. Es gelang Maxi, diese beiden
zu vergessen. Es regnet? Kein Training? Als gäbe Regen dem Privatleben
eine Chance! Wie ahnungslos Gerd Wagner vorgestern an einen gemeinsa-
60 men Nachmittag geglaubt hatte. Bei Regen konnte man erstens in der Gym-
nastikhalle üben und zweitens probte Maxis Vater mit der Tochter Redeweise
se und Aussagetendenz für die Antworten auf zukünftige Reporterfragen
ein: An meiner Vorhand muß ich noch arbeiten, die unterschnittene Rück-
hand hat mir recht gut geholfen, im ersten und im zweiten Satz war ich nicht
65 genug gefordert, beim Seitenwechsel konnte ich deshalb die Pause für Auf-
wärmbewegungen an der Grundlinie nutzen.
Du mußt noch tonloser reden, Maxi, du mußt es so dahinleiern, verstehst du,
fast geistesabwesend, als beurteiltest du sachlich eine andere Person.
Meine Netzangriffe habe ich im dritten Satz dann besser vorbereitet. Gegen
70 die Lobs der Gegnerin fiel mir taktisch nicht immer genug ein.
Ganz gelassen! Ob über Sieg oder Niederlage, deine gesamte Art, deine
Stimme, alles muß immer total gleich sein, geradezu gleichgültig. Lächeln
nicht vergessen, ein wenig matt muß das Lächeln sein, nach den Antworten
eine Spur eindringlicher, aber nur kurz.
75 Ich verlor mein erstes Aufschlagspiel, schaffte aber postwendend ein Re-
Break zu 1:1.
Doppelfehler, Topspinspiel, Matchball, Tiebreak, der Return, das Aus.
Üben, üben, üben!
Ich finde, es klingt ihr immer ähnlicher, urteilte Maxis Mutter kürzlich.
80 Das große Vorbild wurde nie beim Namen genannt. Die Fotos vom

großen Vorbild waren wieder aus der Wohnung entfernt worden. Das 85
große Vorbild hatte von seinem Vater schon im Alter von erst drei Jahren
einen Tennisschläger in die Hand gedrückt bekommen. Mit Maxi sind
wir spät dran, zugegebenermaßen ein Fehler, äußerte der Vater sich ge-
legentlich im Bekanntenkreis. Trotzdem, sie kann unerhört aufholen, bestimmt. 90
Fertig mit dem Essen? Dann nichts wie los, los, los, auf den Platz, wir haben
zu tun, wir haben sogar sehr viel zu tun. Der Vater klatschte in die Hände.
Maxis Mutter brachte eifrig Maxis weißes Trainingsröckchen, die weißen
Höschen und die weiße Bluse mit den paar blauen Streifen über der Schul-
terpartie herbei. 95
Macht's gut, ihr zwei, rief sie den beiden nach, denn der Vater drängte, und
schon schob er Maxi auf den Beifahrersitz des Ford. Die Eltern hatten Maxi
freundlich ausgelacht, als sie vorbrachte, sie wolle noch Gerd Wagners
Anruf abwarten. Maxis Mutter hatte versprochen, schöne Grüße auszurich-
ten und daß Maxi bei der Arbeit sei. Maxi warf einen Blick zurück auf das 100
elterliche Reihenhaus, der einstudierte Satz „Nur zu Haus im Familienkreis
kann ich mich richtig wohl fühlen, nur im Heimatort", fiel ihr ein, und als
sie ihre Mutter dem Auto nachwinken sah, dachte sie zum ersten Mal: Was
für ein hübscher kleiner Puff. Puffmutter. In seinem Freizeithemd mit den
Halbärmeln mein Zuhälter. 105
In der Umkleidekabine zog Maxi ihre Tenniskleidung wieder aus, und in
Jeans und Pullover trat sie ins Freie. Was ist los, immer noch nicht umgezo-
gen, fragte ihr Vater. Er machte einen verärgerten Eindruck.
Maxi log ihm vor, es gehe heute nicht und sie hätte das eben erst bemerkt.
Etwas schlecht war ihr wirklich. Das Übliche? Sind denn vier Wochen um? 110
Die sind doch keineswegs um. Der Vater vergewisserte sich in seinem klei-
nen roten Terminbuch. Da! Wußt ich's doch! Ist erst knapp drei Wochen her,
hier, am Donnerstag dem elften, hier haben wir das Kreuzchen eingetragen.
So geht das übrigens nicht weiter, fuhr er ungeduldig fort, womit er ein altes
Thema aufgriff. Wir müssen das endlich timen, wie die König und alle die 115
andern, die Bellini und so weiter. Wir werden einen Termin mit Doktor Her-
wig machen. So kommen wir nicht vorwärts, das ist mir weiß der Kuckuck
zu unprofessionell.
Es ist machbar, dachte Maxi. Auch das wird machbar sein.
In der Umkleidekabine, schon im Trainingsdress, hatte sie sich plötzlich für 120
ihren Vater geschämt. Sie genierte sich, vor ihm zu erscheinen. Viel hatte die
Tennisleidenschaft ihres Vaters mit seiner Vorliebe für nackte Mädchenbeine zu tun. Ihrer Mutter entging es, aber Maxi erkannte, seit der Vater andere Väter und vor allem den einen, obersten Vater imitierte, daß er verliebt
war – in Siegerinnen, in nackte Mädchenbeine, sofern sie siegreich waren. 125

Und er strebte an, sich möglichst bald auch in die Beine seiner Tochter ver-
lieben zu können.

Auf der Heimfahrt schwieg der Vater zielstrebig. Seine unausgesprochenen
Gedanken hörte Maxi allesamt: So kommen wir nicht weiter, wer weiter-
130 kommen will, darf kein Untertan seiner Wehwehchen sein. Wir müssen
dichter am Netz spielen. Der Aufschlag! Ruhmreich und gefürchtet soll er
eines Tages Schlagzeilen machen. Killer-Aufschlag, die Killer-Maxi. Und
gleich nach den bedeutendsten Siegen dieses matte, gleichmütige Lächeln.
Früh übt sich ... viel früher hätten wir zwar loslegen sollen damit. Aber es
135 ist machbar, es muß machbar sein. Herr Bilka, wir schaffen das schon.
Ähnlich sehe ich ihr eigentlich nicht, sagte Maxi nach längerem Kampf
gegen einen Frost, und sie mußte an eine steinharte vereiste Packung aus
dem Tiefkühlfach ihrer Mutter denken. Wem denn? fragte ihr Vater. Na, ihr,
sagte Maxi.
140 Der Vater warf auf Maxi einen kurzen Seitenblick, und lieber sähe er statt
seiner Tochter die Weltranglisten-Erste, seine wahre Liebe, das Vorbild.
Finde ich aber doch, sagte er und gab Gas.

Beim Lesen und vielleicht auch bei einem Gespräch zwischen euch ist
wohl deutlich geworden, dass Maxi eine Art Doppelleben führt bzw. eine
„gespaltene" Persönlichkeit ist: das Tennistalent mit Karriereaussicht einerseits und die eigentliche Maxi andererseits, die selten so sein kann,
wie sie sein möchte.

Versucht euch für die nachfolgenden Aufgaben in Maxi hineinzuversetzen.

Sammelt Stichpunkte zu den folgenden Sparten in der Tabelle. Sie er-
leichtern euch die Arbeit an den nachfolgenden Arbeitsvorschlägen.

Was Maxi macht...	Was Maxi möchte...	Was der Vater möchte...	Was die Mutter möchte...
-			
-			
-			
...			

36

Aufgabe 1:

Maxi im „aktuellen Sportstudio" – ein Interview

Maxi wird von einem Reporter in einem Sportstudio interviewt. Einerseits ist sie stolz und glücklich über ihren Erfolg, andererseits glaubt sie innerlich ersticken zu müssen.

Spielt dieses Interview, indem ihr Maxi durch zwei Personen vertreten lasst:

das Tennistalent – scheinbar selbstbewusst, stolz, sprachlich gewandt, die Regeln beherrschend …

die andere, eigentliche Maxi – traurig, in sich zurückgezogen, angeekelt … voller Wünsche, Gedanken, Gefühle, Sehnsüchte, Hoffnungen.

– Legt die Fragen des Reporters und Maxis Antworten sowie Maxis Gedanken fest. Ihr könnt für alle Kärtchen vorbereiten.

– Überlegt auch, ob ihr die beiden Maxis äußerlich gleich oder anders/unterschiedlich darstellen wollt.

Frage-Kärtchen des Reporters

voller Termin-kalender: Zeit für Freunde, Privat-leben?			Verletzungen doch noch nicht ausgeheilt, oder?
	Schullaufbahn?		
Welchen Stellen-wert hat Tennis in Ihrem Leben?			Einstellung zu schärfsten Kon-kurrentinnen?

Beispiel:

Reporter: Welchen Stellenwert hat Tennis in Ihrem Leben?

Maxis Antwort: Tennis ist sehr, sehr wichtig für mich. Ich bin damit groß geworden und selbstverständlich habe ich noch große Ziele vor Augen. Es ist der Mittelpunkt meines Lebens …

Maxis Gedanken: … Ich möchte mehr Freizeit für mich und Gerd haben, faulenzen, in der Sonne liegen …

Aufgabe 2:

Gerds Telefonat

Gerd hat dieses Interview verfolgt und meint erkannt zu haben, dass in Maxis Leben kein Platz für ihn ist. Er will ihr in einem letzten Telefonanruf viel Glück auf ihrem Weg zum Erfolg wünschen.
Inszeniert dieses Telefonat.
– Wird es Maxi gelingen, ihn vom Gegenteil zu überzeugen?
– Schmieden sie gemeinsam Pläne, um Maxi aus dieser bedrängten Situation zu bringen?
– Oder glaubt er ihr einfach nicht, weil er sich von den Aussagen im Sportstudio zu sehr beeinflussen lässt oder vielleicht auch Angst vor möglichen Konsequenzen hat.

Aufgabe 3:

Maxis Brief an den Vater

Maxi ist nach einem Turnier zu Freunden aufs Land gefahren, um sich ein wenig zu erholen. Hier findet sie auch endlich Zeit und Muße, über sich, ihr Leben und ihre Zukunft nachzudenken. Und sie beschließt, ihrem Vater einen Brief zu schreiben:

Nein, das ist nicht machbar …!

Schreibt diesen Brief.

Lieber Vater,
du wirst dich sicher wundern, dass ich dir einen Brief schreibe. Aber ich habe hier endlich Zeit, über mich und meine Zukunft nachzudenken. Und da gibt es einiges, was ich dir mitteilen möchte. Du hast immer den Ehrgeiz gehabt, aus mir eine Top-Tennisspielerin wie dein geliebtes Vorbild zu machen. Aber

deine Maxi

Zusatzmaterialien

Von Brüchen und Operationen

Die vielen Leiden der Tennisspielerin Steffi Graf

1981 Bruch des linken kleinen Fingers
1983 Bruch des rechten Daumens
1986 Bruch der rechten großen Zehe
Herzmuskelentzündung
1987 Nasen- und Nebenhöhlenentzündung
1988 Virusinfektion
Verletzung des rechten Mittelfingers
Verletzung es rechten Handgelenks
1989 Angerissene Kapsel und angebrochener Knöchel des linken Ringfingers
Muskelfaserriss im geraden Bauchmuskel
Bänderdehnung im Knie
Entzündung der Patellasehne im linken Knie
Oberschenkelzerrung links
1990 Bruch und Knochenabsplitterung im rechten Daumen
Bänderdehnung im rechten Handgelenk
Operation der linken großen Zehe
Kiefer- und Mittelohrentzündung
Nasen-Nebenhöhlenoperation
Magen- und Darminfektion
1991 Entzündung des rechten Handgelenks
Sehnenscheidenentzündung in der rechten Hand
Anriss der Rotatorenmanschette in der rechten Schulter
Schleimbeutelentzündung im rechten Handgelenk
1992 Entzündung der Rotatorensehne in der rechten Schulter
Kopfgrippe, Röteln, Mittelohrentzündung
1993 Blockierte Kiefer, eingeklemmte Sehne in der rechten Schulter
Bauchmuskelzerrung, Rückenverletzung
Verletzung rechter Knöchel

Knochenhautentzündung im rechten Fuß
Kniescheiben-Prellung
Bänderdehnung im linken Knie
Knochenabsplitterung und Schleimbeutelentzündung im rechten Knöchel – Operation
Zahnschmerzen, Ohrensausen und Schwindelgefühl, Grippe
1994 Bänderzerrung im Handgelenk,
Handgelenksentzündung rechts
Ausrenkung mehrerer Rückenwirbel
Blockierung des fünften Lendenwirbel-Gelenks und des Kreuzdarmbein-Gelenks
Knochenwucherung und Abnutzung des Kreuzdarmbein-Gelenks
Bänderdehnung oberhalb des linken Knies
Wadenmuskelzerrung, das so genannte „Compartment-Syndrom"
Grippe
1995 Fußentzündung rechts
Knochenabsplitterung im Mittelfuß links – Operation
1996 Zwei Lendenwirbel ausgerenkt
Reizung der Patellasehnenspitze und der Kniescheibe links
Taubheit im linken Fuß
1997 Leistenentzündung
Patellasehnenentzündung links
Nagelentzündung am großen Zeh links – Operation
Hitzschlag
Operation an Patellasehne und Knorpel im linken Knie
1998 Oberschenkelzerrung rechts
Knochenhautentzündung am rechten Sprunggelenk

Kommt sie noch einmal auf die Beine? Steffi Graf hat zum ersten Mal ein Ende ihrer glanzvollen Tenniskarriere in Aussicht gestellt.

39

EINE FRAU

MARTINA HINGIS

*A*uf dem Court demontiert sie ihre Gegnerinnen mit Schweizer Präzision. Selbst ihre lautstärksten Opfer sehen den sauber gesetzten Schlägen des neuen Superstars resigniert hinterher und müssen nach der Niederlage zerstört eingestehen, „die Martina" sei „heute einfach besser gewesen". Und die Martina? Lacht, als ob nichts geschehen wäre. In Amerika wird diese unverbrauchte Heiterkeit traditionell geschätzt – bei uns eher als Blauäugigkeit moniert, die sich eines Tages schon noch rächen werde. Heiterkeit kommt bekanntlich vor dem Fall. Insofern wird Martina Hingis' Biografie schon mal im Vorgriff nach potenziellen Stolpersteinen abgesucht: Mit 14 schon Profi? Oh, oh. So wie Tracy Austin und Andrea Jaeger – verheizte Teenager mit kaputten Gelenken und wunder Seele. Nun, Martina spielt federleichtes gelenkschonendes Tennis und lacht auffällig oft. Dann wäre da noch die ehrgeizige Mutter. Die ihre Tochter nach Martina Navratilova benannte. Das kann nicht gut gehen. Oder doch? Martina ist mit ihrer Mama so dicke, dass die beiden besprechen, wer der attraktivste Spieler auf dem Court ist (aktueller Favorit: Mark Filipoussis). Bleibt noch die Figur des Vaters, die seit Pierce, Capriati und Graf im Frauentennis immer für einen Eklat gut ist. Und bingo: Vater Hingis ließ die Familie im Stich, als Martina sieben war, meldete sich aber wieder, als seine Tochter Millionen verdiente. Damit ist die Geschichte auch schon erzählt. Der Kontakt zum Vater bleibt karg, aber skandalfrei. Martina lacht und gewinnt weiter. Vor allem an Selbstbewusstsein. An Steffi Graf schätzt sie besonders den eisernen Willen. Hören wir da den Nachruf auf den Champion der Vergangenheit? Moooment mal! Hier meldet sich der deutsche Nationalstolz. Wir sind mit unserer Steffi zwar nie sehr warm geworden, aber sobald sich eine ernst zu nehmende Rivalin abzeichnet, regen sich bei uns doch solidarische Gefühle. Gerade jetzt, wo Wimbledon vor der Tür steht. Da hat Steffi doch bisher allen gezeigt, wo der Hammer hängt. Ob Martina Hingis diesmal das Lachen wohl vergeht? Das darf bezweifelt werden.

Eine Frau ...

Steffi Graf

Entschuldigung, aber es hängt uns zum Hals heraus: Dieses ewige Gerede darüber, warum denn das Fräulein Graf nicht mal ein wenig mehr Gefühl zeigen könne. Ein wenig lächeln vielleicht, sich ärgern, Freudensprünge machen. Wenn sie diese Woche das Masters-Turnier in New York gewinnt, wird es wieder losgehen. So wie kürzlich, als ein amerikanischer Fernsehreporter sie fragte, ob sie eine Maschine sei. (Nach einigen Sekunden, in denen sie so aussah, als würde sie anfangen zu weinen, gab sie die einzig richtige Antwort: „Ja".)

Es geht uns auf die Nerven, dieses Gerede über die angebliche Roboterhaftigkeit der Steffi Graf. Denn in Wahrheit steckt ja etwas ganz anderes dahinter: „Die Angst und das Unverständnis vieler Männer gegenüber einer Frau, die konsequent und mit eiserner Selbstdisziplin ihr Ziel verfolgt. Und erreicht." So sieht es ein Psychologe, der Hamburger Therapeut Dr. Hartmut Joost. Und weiter: „Das kannte man bisher kaum, das erschreckt manche Leute. Und macht sie giftig. Eine Frau hat gefälligst nach einem schönen Sieg in kokette Tränen auszubrechen ..." Schließlich wischt sich selbst die betont männliche Martina Navratilova schon mal die Augenwinkel.

Was bleibt also, was man Steffi Graf vorwerfen könnte? Dass sie nicht verliert? Lächerlich! Dass sie ihr Privatleben abschottet? Das tun ja wohl die Meisten. Nein, da gibt's weder etwas zu bekritteln, noch hat die Öffentlichkeit irgendwelche Ansprüche zu stellen. Eine 20-Jährige, die dem ungeheuren Druck standhält, jede Woche zu zeigen, dass sie die beste Tennisspielerin der Welt ist, kann getrost sagen: „Ich brauche niemandem etwas zu beweisen."

„Ich komme mir einfach läppisch vor, wenn ich auf dem Platz lache", sagt sie, „außerdem kann ich das gar nicht, wenn ich mich konzentriere." Richtig. Wir wollen Steffi Graf Tennis spielen sehen. Lachen können wir selber.

Nur eine Tennisspielerin

Klein-Martina war sechs Jahre alt, lebte in der slowakischen Kleinstadt Roznow, da machte ihre Mutter mit ihr einen Ausflug in die Metropole Prag. Nicht irgendeinen Ausflug – Steffi Graf trat dort im Federation Cup gegen die CSSR an, und Martina sollte die Deutsche einmal sehen, die auf dem Wege war, zur besten Tennisspielerin der Welt zu werden. Wie man heute längst weiß, hat Steffi Graf das geschafft. Aber seit gestern ist sie die Führung in der Computer-Weltrangliste los. An ihre Stelle tritt dieselbe Martina Hingis, mittlerweile 16 Jahre alt und damit die jüngste Weltranglistenerste aller Zeiten. Erst seit zweieinhalb Jahren tourt sie als Profi mit der Mutter durch die Tennis-Welt. Der Aufstieg war also rasant und er war von Geburt an geplant. Ihren Vornamen erhielt Martina Hingis, weil das sportliche Vorbild ihrer Mutter Martina Navratilova war.

Als Zweijährige stand Martina Hingis zum ersten Mal mit Schläger auf dem Tennisplatz. In Roznow wuchs sie auf, dort stritten 40 Kinder um fünf Plätze. Nun hat Martina Hingis allein in diesem Jahr bei fünf Turniersiegen über eine Million Dollar an Preisgeld verdient, die letzten 26 Einzel gewonnen. Sponsoren stehen Schlange. Millionenverträge mit Opel und dem Sportartikelhersteller Tacchini sind unterschrieben, weitere werden folgen. Spätestens im Jahr 2000, behaupten Kenner der Szene, werde die junge Dame, die seit 1988 in der Schweiz lebt, die bestverdienende Sportlerin der Welt sein.

Das liegt nicht allein daran, dass sie besser als alle anderen Tennis spielen kann. Martina Hingis ist erfrischend anders, vor allem erfrischend. Sie wird ihrer Ausstrahlung wegen häufig mit der Amerikanerin Chris Evert verglichen. In der „Süddeutschen Zeitung" wurde ihr attestiert, sie wirke wie eine Elfe im Kreise von Holzhackern. Elegant ihr Spiel, kein Geprügele und Gegrunze auf dem Platz. In Pressekonferenzen, von den meisten Konkurrentinnen eher als lästig empfunden, ist die Schweizerin souverän, beantwortet immer lächelnd die immer gleichen Fragen, kann aber auch sehr schlagfertig sein. Als Martina Hingis ins Profitennis einstieg, fand ausgerechnet die fast 40-jährige, aber nach wie vor spielende Navratilova, sie sei dafür eigentlich zu jung. So etwas solle sie nicht sagen, konterte Martina Hingis: „Ich sage ja auch nicht, dass sie dafür zu alt ist."

Die Gefahr, dass sie ähnlich schnell verbraucht sein könnte wie manche ihrer Vorgängerinnen, scheint bei Martina Hingis nicht zu bestehen. Sie wurde nie zum Tennis getriezt, trainiert auch jetzt nicht mehr als zwei Stunden täglich. „Ich habe eigentlich immer gemacht, was ich wollte", sagt sie. Reiten, Ski fahren, Hockey und Basketball spielen zählen zu ihren Beschäftigungen, die sie als Hobbys ansieht. Martina Hingis hatte zu Beginn des vergangenen Jahres auch eine Phase, in der sie wenig Lust verspürte zu trainieren. Mit „meiner besten Freundin", ihrer Mutter, hat sie darüber gesprochen, und die hat ihr geraten: „Wenn du willst, hör auf, aber sofort. Wenn du weitermachen willst, dann richtig."

Die Entscheidung weiterzumachen hat sich gelohnt. Nach ihrem Turniersieg am vergangenen Wochenende in Key Biscayne hat sie festgestellt, „dass es nichts Schöneres gibt, als schwarz auf weiß zu lesen, dass man die Beste der Welt ist". Ihre Berühmtheit empfindet Martina Hingis als „tolles Gefühl", genießt es, überall erkannt zu werden. Sehr selbstbewusst sagt sie das, aber abgehoben zu haben scheint sie noch nicht. Denn sie gibt auch zu bedenken: „Ich bin doch nur eine Tennisspielerin."

Dietmar Wenck

3. Parkplatz auf Lebenszeit
Gemeinsames Schreiben eines Reisetagebuchs – Entwerfen einer Werbeanzeige

Feierabend-Verkehr

Parkplatzsuche in der Innenstadt...
Sämtliche Verkehrsteilnehmer, selbst die Anwohner, sind verzweifelt, schimpfen, fluchen, ärgern sich ...
Schildert eure Erlebnisse.

Vermutlich haben auch O. H. Kühner derartige Erlebnisse und Erfahrungen dazu angeregt, folgende satirische Geschichte zu schreiben:

43

Otto Heinrich Kühner: Parkplatz auf Lebenszeit

Eines Abends kam er mit dem Wagen vom Dienst zurück und stellte fest, dass mittlerweile vor dem Haus auch die letzte Parklücke geschlossen war. Auf beiden Seiten der Straße standen die Autos hintereinander in dichter Reihe, auch in den Seiten- und Parallelstraßen, überall, im ganzen Viertel.
5 Während er suchend durch die Straßen fuhr, war er wieder in den Verkehrsstrom geraten und sah sich von einer endlosen Autokolonne eingekeilt.
So beschloss er nach Hause zurückzufahren. Aber er war inzwischen – diese Geschichte spielte in Hamburg – von Wandsbek nach Hamburg geraten; er hätte, um den Weg nach Hause zu nehmen, links abbiegen müssen, was bei
10 dem starken Gegenverkehr nicht möglich war.
Also entschloss er sich die Küste entlang zu fahren, über die Niederlande, Belgien, Frankreich, Spanien und Italien, um dann über den Vorderen Orient, Asien, Karelien und Skandinavien von Osten her nach Hamburg einzufahren.
15 Er tat dies auch und kam erst nach vier Monaten wieder vor seinem Haus an, wo inzwischen – durch Todesfall – gerade eine Parklücke entstanden war. Er setzte sich in die Lücke und vereinigte sich wieder mit seiner Familie, wo er seit jenem Abend vor vier Monaten überfällig war.
Um seinen Parkplatz nicht wieder zu verlieren, ließ er seinen Wagen, wie es
20 die übrigen Fahrzeugbesitzer ebenfalls taten, für dauernd vor seinem Haus stehen und erledigte von jetzt an alles zu Fuß, auch den Weg ins Büro; an den Wochenenden fuhr er mit der Bahn oder dem Bus ins Alte Land oder in den Sachsenwald.
Um das Fahren nicht zu verlernen, übte er nur bisweilen das Anlassen des
25 Motors, das Bedienen von Winker und Scheibenwischer sowie das Stehen in einer Parklücke.

Was für eine Geschichte! Was für eine absurde Reise, nur um einen Parkplatz zu ergattern!
Vier Monate Autofahrt – was erlebt der Mann wohl dabei alles?!
Stellt euch verschiedene Situationen dieser Fahrt vor:

44

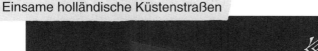

Einsame holländische Küstenstraßen

endlose karelische Wälder

Hitzestau in der Blechkiste in Spanien

Begegnungen mit freundlich interessierten Einheimischen

riesige Sandparkplätze im Vorderen Orient

„Elchtests" in Skandinavien …

Nehmen wir an, dass er begann sich Reisenotizen zu machen, um seine Erlebnisse, Eindrücke, Gefühle für sich und seine auf ihn wartende Familie festzuhalten.

Aufgabe 1:
Versetzt euch in seine Person und Situation und erstellt gemeinsam dieses Reisetagebuch!
– Sucht euch dazu in Kleingruppen jeweils ein Land aus, durch das der Reisende auf seiner Parkplatzsuche gekommen ist (siehe Europakarte auf S. 46) und schreibt seine Reisenotizen.
– Ergänzt diese durch besondere Impressionen, kleine Erlebnisse mit den Einheimischen, Skizzen, eventuell durch einige Erinnerungsstücke wie Tankzettel, Postkarten …

Die Reiseroute

Die Zahl der zugelassenen Fahrzeuge auf deutschen Straßen nimmt zu. Immer mehr Staus beeinträchtigen das Fahrvergnügen.

Der Verkehrsinfarkt droht!

Dennoch wollen viele Leute auf dieses Vergnügen nicht verzichten!
Findige Köpfe in der Automobilindustrie denken infolge dessen schon darüber nach, was man für „Autosüchtige", die ohne Auto nicht mehr leben können und wollen, tun kann. Sie entwickeln etwas völlig Neues:

Das Parkzeug!

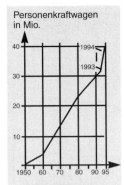

Zahl der PKW in der Bundesrepublik Deutschland (ab 1994 gesamte BR Deutschland)

Aufgabe 2:
Bildet „Entwicklungsteams", die Ideen für die Ausstattung des zukunftsträchtigen Parkzeugs sammeln und mit entsprechenden Werbeanzeigen das Parkzeug bekannt machen und den Verkauf anheizen wollen.

für Nostalgiker auch Oldtimer-Version mit Benzingeruch und Kurbel ... möglich

Zielgruppen – welche Möglichkeiten!!!

Parkzeug mit Bewegungssimulator, für individuell wählbare Straßen programmierbar...

Tankerlebnis mit Benzinersatzstoffen möglich

Panoramabildschirm für Videoanlage

Parkplatzausstattungen!!

Nutzungsmöglichkeiten...

Sammelt weitere Ideen und fertigt Werbeanzeigen – z.B. in Form von Collagen – an.

Info-Karte Info-Karte Info-Karte Info-Karte Info-Karte

Gestaltungselemente der Anzeige

Was immer Sie durch eine Anzeige sagen wollen: so kurz wie möglich!

→ *Blickfang, Eye catcher:* kann Bild, Text, Farbe oder ein anderes Gestaltungsmittel sein. Der Name sagt schon alles über die Funktion. Achtung – Vampir-Effekt: Ein Element der Aussage wirkt so stark auf die Betrachter, dass es deren Aufmerksamkeit vom Produkt, von der Hauptaussage ablenkt. Besondere Vorsicht ist bei erotischen Motiven als Blickfang geboten. Zum anderen werden Anzeigen auch gestaltpsychologisch ganzheitlich wahrgenommen und beurteilt. Ein Blickfang „funktioniert" also nicht schon automatisch.

→ *Schlagzeile, Headline:* kann einer der wichtigsten Bestandteile der Anzeige sein. Sie muss eine Aussage enthalten, die das Interesse der Zielpersonen weckt und zum Weiterlesen auch des folgenden Anzeigentextes (der „Copy") anregt. Das Kreieren von Schlagzeilen zählt zu den schwierigsten Aufgaben des Werbetexters.

→ *Slogan, Claim:* muss kurz, einprägsam, rhythmisch, suggestiv sein. Er soll die Werbebotschaft auf den Punkt bringen – und das so gut, dass er über längere Zeit (oft Jahre) beibehalten werden kann (er „arbeitet").
Gute Slogans sind Sprachkunstwerke:
„VW. Er läuft und läuft und läuft ..."
„Citroen. Intelligenz auf Rädern."
„Im Falle eines Falles klebt UHU wirklich alles."
„Veni. Vidi. Visa."

→ *Text, Copy:* nennt in wenigen Worten die Vorteile des Angebots für den Interessenten. Das Texten von Anzeigen ist ein harter und oft zeitaufwändiger Job und hat nur wenig bis nichts mit „schreiben" zu tun.

→ *Firmenname (Firmenzeichen, Logo):* kein „Kann" – ein „Muss" auf jedem Werbemittel!

→ *Einfassung, Rahmen:* gibt der Anzeige Halt, hebt sie vom Umfeld ab. Sie ist aber von der Gestaltung und vom Anzeigenumfeld abhängig. Bei einer freistehenden ganzseitigen Anzeige kann der Rahmen wegfallen, eine in den redaktionellen Teil eingebaute Anzeige wird auf ihn oft nicht verzichten können.

Zusatzmaterialien

Streit um Parkplatz mit Pistole entschieden

Schöneberg. Bei einem Streit um einen Parkplatz hat ein 41-jähriger Türke am Donnerstag Abend einem 31-jährigen Landsmann ins Bein geschossen. Der Streit war gegen 19.30 Uhr in der Potsdamer Straße eskaliert. Nach den Angaben der Polizei gab der erboste Autofahrer insgesamt vier Schüsse ab. Der 41-Jährige sei den Fahndern bekannt, aber derzeit flüchtig. Sein angeschossener Kontrahent muss stationär im Krankenhaus behandelt werden.

(kf)

Blutiger Parkplatzstreit vor Gericht

Berlin. Vor dem Landgericht hat gestern der Prozess wegen eines blutigen Streits um eine freie Parklücke in der Koloniestraße begonnen. Einer der Beschuldigten schweigt, einer bestreitet die Tat, der dritte beruft sich auf Notwehr. Die Angeklagten sollen im Dezember 1998 das erste Opfer geschlagen und seinen zu Hilfe eilenden Schwager brutal verprügelt haben. Dieser Mann soll danach festgehalten und mit einem Messer lebensgefährlich verletzt worden sein.

(dpa FBM)

MEINE PERSÖNLICHE, FREIHEIT UND MOBILITÄT AUFGEBEN... DAS KÖNNTE ICH NIE!

Ephraim Kishon: Parkplatz gesucht

Eines Morgens erwachte ich in New York mit Zahnschmerzen. Mit ganz ge-
wöhnlichen, ungemein schmerzhaften Zahnschmerzen. Irgend etwas in
meinem linken Unterkiefer war nicht in Ordnung, schwoll an und schmerzte.
Ich fragte Tante Trude, ob es hier in der Gegend einen guten Zahnarzt gäbe. 5
Tante Trude kannte ihrer drei, alle in nächster Nähe, was in New York ungefähr soviel bedeutet wie 25 Kilometer Luftlinie.
Ich wollte wissen, welcher von den drei Zahnärzten der beste sei. Tante
Trude sann lange vor sich hin:
„Das hängt davon ab. Der erste hat seine Ordination in der Wall Street. Dort 10
wimmelt es von Zeitungsreportern, und wenn jemand einen Parkplatz findet, wird er sofort von ihnen interviewt. Ich weiß nicht, ob du das mit dei-
nen Zahnschmerzen riskieren willst. Der zweite hat eine direkte Autobus-
verbindung von seinem Haus zum nächsten bewachten Parkplatz, aber er ist
kein sehr angenehmer Arzt. Ich würde dir zu Dr. Blumenfeld raten. Er wohnt 15
in einem ähnlichen Cottage-Viertel wie wir und hebt in seinen Annoncen
immer hervor, daß man dort manchmal in einer nicht allzu weit entfernten
Seitenstraße Platz zum Parken findet."
Das war entscheidend. Und mein Unterkiefer war um diese Zeit schon so an-
geschwollen, daß es keine Zeit mehr zu verlieren gab. 20
Ich nahm Onkel Harrys Wagen und sauste los.
Es dauerte nicht lange, bis ich Dr. Blumenfelds Haus gefunden hatte. Auch
die im Inserat angekündigten Seitenstraßen waren da, nicht aber der im Inserat angekündigte Platz zum Parken. An beiden Seitenstraßen standen die
geparkten Wagen so dicht hintereinander, daß nicht einmal die berühmte 25
Stecknadel hätte zu Boden fallen können; sie wäre auf den fugenlos anein-
andergereihten Stoßstangen liegen geblieben.
Eine Zeitlang kreuzte ich durch die Gegend wie ein von seiner Flugbahn ab-
gekommener Satellit.
Dann geschah ein Wunder. Ich sah es mit meinen eigenen Augen. Das heißt: 30
ich sah ein Wunder im Anfangsstadium. Ich sah einen amerikanischen Bür-
ger, der sich an der Türe eines geparkten Wagens zu schaffen machte.
Schon hielt ich an seiner Seite: „Fahren Sie weg?"
„Ob ich – was? Ob ich wegfahre?" Er wollte seinen Ohren nicht trauen.
„Herr, ich habe auf diesen Parkplatz zwei Jahre lang gewartet und habe ihn 35
erst im vorigen Herbst erobert. Damals nach dem Hurrikan, der alle hier geparkten Wagen weggefegt hat ..."
Jetzt fiel mir auf, daß das Dach seines Wagens, genau wie das der anderen,
mit einer dicken Staubschicht bedeckt war. Da gab es also nichts zu hoffen.

40 Wo ich denn möglicherweise einen Parkplatz finden könnte, fragte ich.
Die Antwort, nach längerem Nachdenken und Hinterkopfkratzen erteilt,
verhieß wenig Gutes: „Einen Parkplatz finden … Sie meinen einen *freien*
Parkplatz? In Texas soll es angeblich noch einige geben. Vergessen Sie
nicht, daß sich die Zahl der Autos in Amerika jedes Jahr um ungefähr fünf-
45 zehn Millionen vermehrt. Und die Länge der Autos jedes Jahr um ungefähr
zehn Inches. Der letzte Gallup-Poll hat ergeben, daß dreiundachtzig Prozent
der Bevölkerung das Parkproblem für die gefährlichste Bedrohung ihres Lebens halten. Nur elf Prozent dagegen haben Angst vor dem Atomkrieg."
Mit diesen Worten zog er einen Roller aus dem Fond des Wagens, stieg mit
50 einem Fuß darauf und ließ den Wagen unverschlossen stehen.
„He! Sie haben nicht abgesperrt!" rief ich ihm nach.
„Wozu?" rief er zurück. „Niemand stiehlt mehr ein Auto. Wo sollte er es
denn parken?"
Mein Zahn trieb mich weiter. Aber es war ganz offenbar sinnlos. Wohin man
55 blickte, stand geparktes Auto an geparktem Auto, und wo kein Auto stand,
stand ein Pfosten mit einer Tafel, und auf der Tafel stand die Inschrift: „Von
Anfang Juli bis Ende Juni Parken verboten", oder „Parkverbot von 0 bis 24
Uhr, Sonn- und Feiertag von 24 bis 0 Uhr." War aber irgendwo kein Wagen
und keine Tafel zu sehen, so stand dort todsicher ein Feuerhydrant, dem man
60 in Amerika unter Androhung schwerster Geld- und Freiheitsstrafen nicht in
die Nähe kommen darf, nicht einmal wenn es brennt.
In einer schon etwas weiter entfernten Straße fand ich eine Affiche*, aus der
hervorging, daß hier am 7. August zwischen 3 und 4 Uhr nachmittags ge-
parkt werden durfte. Ich erwog ernsthaft, so lange zu warten, aber mein
65 Zahn war dagegen. Endlich schien mir das Glück zu lächeln. Vor einem
großen Gebäude sah ich einen leeren, deutlich für Parkzwecke reservierten
Raum mit der deutlichen Aufschrift: „Kostenloses Parken für unsere Kun-
den." Rasch wie der Blitz hatte ich meinen Wagen abgestellt, stieg aus, fand
mich im nächsten Augenblick von hinten an beiden Schultern gepackt und
70 im übernächsten auf einen Stuhl gedrückt, der im Büro einer Versiche-
rungsgesellschaft stand.
„Guten Morgen, mein Herr", begrüßte mich der Mann hinterm Schreibtisch.
„Wie lange?"
„Ungefähr eineinhalb Stunden."
75 Der Versicherungsagent blätterte in seiner Tarifliste:
„Das Minimum für neunzig Minuten ist eine Feuer- und Hagelversicherung
auf 10 000 Dollar."
Ich erklärte ihm, daß der Wagen bereits versichert war.
„Das sagen alle. Darauf können wir keine Rücksicht nehmen."
80 „Und ich kann keine Versicherung auf 10 000 Dollar nehmen."

52   * frz. Aushang, Plakat

„Dann müssen Sie eben wegfahren."

„Dann werde ich eben wegfahren."

Gegenüber dem Versicherungsgebäude befand sich ein Kino. Hinter dem Kino befand sich ein großer Parkplatz. Auf dem großen Parkplatz befanden sich viele große Wagen. Vor den Wagen befanden sich Parkuhren, die sechzig Minuten Maximalzeit vorschrieben. Aus dem Kino kamen fast pausenlos Leute herausgeeilt, warfen Münzen in die Parkuhren und eilten zurück.

Bei Einbruch der Dunkelheit ging mir das Benzin aus. Ich fuhr zu einer Tankstation, und während der Tank gefüllt wurde, fragte ich nach der Toilette. Dort erkletterte ich das Fenster, durchkroch eine Art Schacht, gelangte ins Magazin, stahl mich durch die Hintertüre hinaus und befand mich in einem engen, dunklen, nach Leder riechenden Raum. Es war mein Wagen, den die erfahrenen Tankstellenwächter dort abgestellt hatten.

Ihr hämisches Grinsen reizte meinen tief verwundeten orientalischen Stolz.

„Was können Sie sonst noch mit dem Wagen machen?" fragte ich. „Lassen Sie hören!" Das Angebot kam prompt und sachlich: „Ölwechsel – zehn Minuten. Überholen – eine halbe Stunde. Lackieren – eine Stunde."

„Lackieren sie ihn grasgrün und wechseln Sie das Öl."

Ungesäumt startete ich in Richtung Blumenfeld. Ich schlug ein scharfes Tempo an, denn der Zettel, den man mir an der Tankstelle in die Hand gedrückt hatte, trug folgenden eindeutig präzisierten Text: „Wenn Sie nicht pünktlich nach der vereinbarten Zeit von 1.10 Uhr (das war handschriftlich eingetragen) Ihren Wagen holen, wird er in unserem eigens hierfür konstruierten Parkofen verbrannt."

Da ich schon lange nicht trainiert hatte, geriet ich leider sehr bald außer Atem. Ich bestieg einen Bus und nahm an der Endstation ein Taxi zu Dr. Blumenfeld. Als ich dort anlangte, waren 42 Minuten vergangen, so daß ich sofort umkehren mußte. Ich kam gerade zurecht, wie die Tankstellenwächter sich anschickten, die erste Kanne Kerosin über meinen grasgrünen Wagen zu schütten.

Jetzt gab es nur noch eine Möglichkeit, und ich war entschlossen, sie auszunützen: Ich fuhr mit meinem eigenen Wagen vor Dr. Blumenfelds Haus und ließ ihn krachend auf einen Laternenpfahl aufprallen. Erlöst entstieg ich dem Blechschaden und begab mich in die Ordination.

Gerade als Dr. Blumenfeld mit der Behandlung fertig war, ertönte von unten zorniges Hupen. Durchs Fenster sah ich, daß es von einem Wagen kam, der dicht hinter dem meinen stand. Ich sauste hinunter. Ein anderer von Dr. Blumenfelds Patienten empfing mich zornschnaubend: „Was bilden Sie sich eigentlich ein, Sie? Glauben Sie, diese Laterne gehört nur Ihnen?"

Ich mußte ihm recht geben. Selbst in Amerika können sich nur die Reichsten der Reichen den Luxus einer eigenen Parklaterne leisten.

4. Stadtbesetzung –
Schreiben von Parallelgeschichten

Im Folgenden geht es um die Verdrängung der Natur aus unserem gegenwärtigen Leben und eine ungewöhnliche, aber vorstellbare Entwicklung in der Zukunft, die uns der Schriftsteller Wolfgang Bächler in seiner Kurzgeschichte „Stadtbesetzung" aufzeigt.

 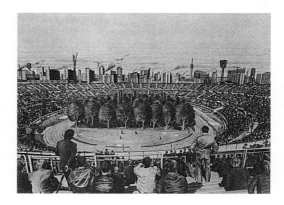

Wolfgang Bächler: Stadtbesetzung

Schwarze Wälder belagern die Stadt, haben sie lautlos umzingelt. Längst haben sie Vorposten an die Einfallstraßen gestellt, Spähtrupps, Vorhuten, fünfte Kolonnen bis in den Stadtkern geschickt. Jetzt dringen sie nachts in die Vororte ein, schlagen sie Breschen in Villenviertel, stoßen an die Ufer
5 des Flusses, die Böschungen der Kanäle vor und säumen alle Gewässer ein. Pappelkolonnen sperren die Straßen ab, gliedern die Alleebäume ein, schließen zu dichteren Reihen auf, marschieren im Gleichschritt weiter. Tannen und Eschen befreien Gefangene in den Gärten und Parks, Friedhöfen und Hinterhöfen. Eichen und Buchen besetzen die Kreuzungen, Kno-
10 tenpunkte, die großen Plätze, verbrüdern, verschwistern sich mit den Ulmen, Linden, Kastanienbäumen, sprengen die Ketten parkender Autos, drängen die Baumaschinen, Bauzäune, Grundmauern, Gerüste, Geländer zurück, schlagen Wurzeln in Gruben und Gräben.
Fichten umstellen die Amtsgebäude, das Rathaus, den Rundfunk, den Bahn-
15 hof, die Polizeiinspektionen, Gerichte, Gefängnis, das Arbeits- und Finanzamt. Die Pappelfront hat die Kaserne erreicht, verteilt sich um die Gebäude.

Ahornbäume füllen die Lücken, schreiten durchs Tor in den Hof. Machtlos klettern die Wachen mit ihren Gewehren die Äste hinauf in die Kronen, sehen vor lauter Bäumen die Stadt nicht mehr.
Geräuschlos, kampflos, ohne Verluste haben die Wälder die Stadt besetzt, erobern sie Heimatboden zurück, besiegen sie Steine, Stahl und Beton, verdrängen Verdrängte ihre Verdränger.

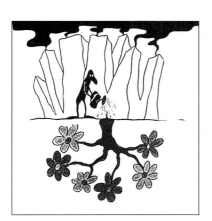

In Bächlers Geschichte sind es die Bäume, die sich gegen die Menschen zur Wehr setzen
– systematisch und fast lautlos.
Die Menschen verdrängen aber nicht nur diesen Teil der Natur, sondern
– sie verschmutzen Gewässer,
– sie verpesten die Luft,
– sie quälen Tiere durch nicht-artgemäße Haltung, durch widernatürliche Züchtungen (Klonen), …

Mehr Risiko durch High-Tech-Diesel

Moderne Dieselautos sind abgasarm. Doch ihre viel kleineren Rußpartikel können gesundheitsschädlicher sein als die aus alten Stinkern

Neue Gefahr aus dem Auspuff

Nach jüngsten Erkenntnissen dringt winziger Dieselruß sogar in die kleinsten Lungenbläschen ein …

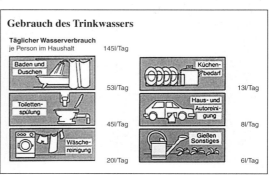

Gebrauch des Trinkwassers

Täglicher Wasserverbrauch je Person im Haushalt 145 l/Tag

Baden und Duschen 53 l/Tag
Toilettenspülung 45 l/Tag
Wäschereinigung 20 l/Tag
Küchenbedarf 13 l/Tag
Haus- und Autoreinigung 8 l/Tag
Gießen Sonstiges 6 l/Tag

Viele Winzerorte entlang der Mosel sind überflutet, ebenso wie zahlreiche andere Innenstädte entlang von Main und Rhein. Entspannung der Hochwasserkatastrophe ist nicht in Sicht. Bei Köln stieg der Rhein auf über 9,30 Meter und setzte rund 100 Häuser im Auenviertel unter Wasser. In Wertheim am Main verwandelten die Fluten die Gassen der Altstadt in Kanäle mit bis zu 60 Zentimeter Tiefe. Die Feuerwehr setzte zur Beförderung und Versorgung der etwa 3000 Altstadt-Bewohner Schlauchboote ein. In Koblenz, wo die Mosel in den Rhein fließt, sind in sieben Stadtteilen bereits Häuser vom Wasser eingeschlossen.

Fischsterben

Legebatterien

57

Die doppelte Dolly

Zum ersten Mal ist es Wissenschaftlern gelungen, ein Säugetier zu klonen. Das Schaf Dolly II – die Kopie von Dolly I – hat zudem nur Mütter und keinen Vater. Von US-Präsident Clinton bis zu Forschungsminister Rüttgers wird das Ereignis kritisch bewertet. Die Horrorvision vom geklonten Menschen ist ein Stück näher gerückt: Die doppelte Dolly.

„Am Anfang war das Schaf", so könnte die von Menschenhand neu geschriebene Schöpfungsgeschichte beginnen. Erstmals ist es gelungen,
5 das völlige Ebenbild eines erwachsenen Säugetieres zu erzeugen, mit dem einzigen Unterschied, dass das geklonte weibliche Lamm „Dolly" erst zarte sieben Monate alt ist,
10 während seine Mutter …
Aber wer ist Dollys Mutter? Ist Dollys Mutter jenes Schaf, welches das Lämmlein ausgetragen und zur Welt gebracht hat, so wird Dolly sicher-
15 lich nicht zu ihrem Ebenbild heranwachsen. Denn Dollys Lebensgeschichte begann nicht in ihrem Leib, Dolly trägt nicht ihre Erbinformationen. Das kleine Wolltier hatte be-
20 reits zwei Vormütter und keinen Vater.
Wie die wissenschaftliche Zeitschrift „Nature" in ihrer nächsten Ausgabe berichtet, entnahmen Gen-
25 techniker des Roslin Instituts in Edinburgh um Ian Wilmut dem Euter eines sechs Jahre alten Schafes einen Zellkern mit der Erbinformation dieses Tieres, der ersten, der
30 „genetischen" Mutter. Diesen setz-

ten sie in das befruchtete oder auch unbefruchtete Ei – mit unbefruchteten Eiern gelang das Klonen besser – eines zweiten Schafes ein, aus dem sie zuvor die ursprünglichen Erbinformationen entfernt hatten. Als sich das auf diese Weise manipulierte Embryo weit genug entwickelt hatte, konnten sie es schließlich einer zweiten „Leihmutter" einpflanzen.
Das Neue bei dieser Methode ist nicht das Klonen von Säugetieren an sich. „Für die Forschung ist das nichts Besonderes", ist allenthalben von Genetikern und Entwicklungsbiologen zu hören. Schon lange ist bekannt, dass sich beispielsweise aus einem vierzelligen Embryo bis zu vier vollständige Individuen entwickeln können, falls man ihn in seine einzelnen Zellen aufspaltet. Dies ist deshalb möglich, weil sich die Zellen in diesem frühen Entwicklungsstadium noch nicht spezialisiert haben. Und selbst in einem späteren Stadium wurde es schließlich mit Hilfe eines Kunstgriffs noch möglich, vollständig identische Lebewesen herzustellen. So war es

Wissenschaftlern um Ian Wilmut bereits vor einem Jahr mit einer neuen Technik gelungen, Zwillingslämmer aus einer Stammzelle eines Embryos entstehen zu lassen, indem sie die Zellkerne in zuvor „entkernte" Eizellen transplantiert und sie dann in Mutterschafen hatten austragen lassen.

Diese Technik haben die Forscher jetzt auch auf Stammzellen erwachsener Schafe übertragen. Heraus kam Dolly, eine perfekte Kopie seiner genetischen Mutter. Der Bann scheint damit endgültig gebrochen. Zwar eignen sich Schafe – warum, ist auch der heutigen Wissenschaft weitgehend verschlossen – wesentlich besser zum Klonen als andere Tiere. Aber der Weg für weitere Experimente in Grundlagenforschung und Tierzucht ist geebnet.

Nach dem Schaf können als Nächstes die entwicklungsbiologisch eigentlich viel besser bekannte Maus, dann vielleicht das Schwein auf der Erfolgsliste der Genforscher stehen. So liegt die Vorstellung nicht mehr fern, eines Tages könnten etwa spezielle Schweine geklont werden, deren Organe und deren Immunsystem für eine Organtransplantation geeignet sind und nicht vom menschlichen Körper abgestoßen werden.

Mit der neuen Klontechnik dürften Genetiker „wahrscheinlich" selbst Doppelgänger von Menschen erschaffen können, bestätigt der Forscher Ian Wilmut. Aber der geklonte Mensch stehe nicht unmittelbar bevor. Wilmut fügte am Dienstag vor der Presse in Edinburgh hinzu, er sehe auch keinen medizinischen Grund, derartige Experimente zu machen. „Wir würden dies auch für ethisch völlig unannehmbar halten." Doch die Gefahr des Missbrauchs sei da, zitierte die britische Tageszeitung „The Observer" den Embryologen.

[…]   *Thomas de Padova*

Aufgabe:
Also – viele Möglichkeiten, sich ähnliche Geschichten wie die von Bächler auszudenken.
Versucht euch daran – in Einzelarbeit, zu zweit, zu dritt, zu viert …

Hier ein Beispiel:
Sammelt, bevor ihr mit dem Schreiben beginnt, in einem Cluster eure Ideen.

Thema „Wasser"

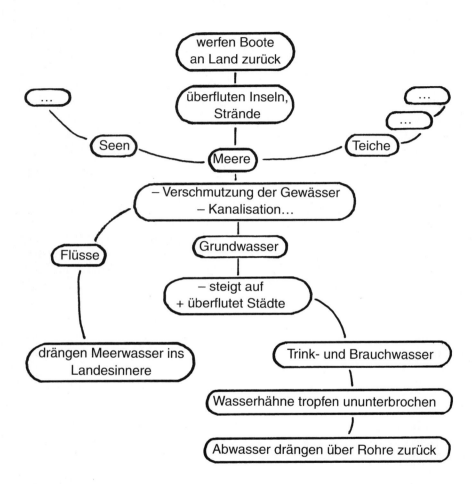

So könnte der Text beginnen:

> Landüberflutung. Dunkle Gewässer belagern die Küste, drängen schon vereinzelt durch Flüsse und Kanäle ins Landesinnere vor. Verbündete Seen und Teiche vereinen sich im Hinterland und...

Zusatzmaterialien

Deutschland: Waldschäden

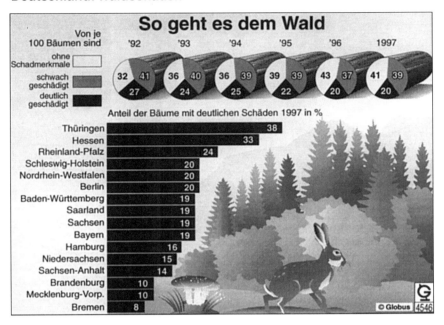

Ilona Bodden: Eines Tages ...

Eines Tages,
wird der Vater seinen Sohn bei der Hand nehmen.
Er wird mit ihm
durch die glasüberdeckten Straßen gehen,
an Schaufenstern stehen bleibend
mit mechanischem Spielzeug
wird er vielleicht
die Schnellbahn benutze n
und unter den Rhythmen von Elektronik-Musik
in einem kleinen Café
künstliche Nahrungsmittel genießen,
regenbogenfarbenen Schaum
irgendwelcher Substanzen.
Und er wird,
durch fremde Gifte in seinem Blut seltsam angeregt,
mit seinem Sohn
das Café verlassen
und durch die staubfreien, glasüberdeckten Straßen
davongehen
bis zu einem Gebäude,
aus dessen Drehtür
der Atem der Jahrtausende weht.
Und er wird dort umhergehen,
seinem Sohn dies und jenes weisend,
und endlich
unter einem Glassturz (Berühren verboten)
zeigen:
Sieh mal! Ein Baum ...

Dem Wald ist nicht zu trauen

Telefonmasten werden jetzt als Bäume getarnt

Die Einwohner von Beaconsfield in der englischen Grafschaft Buckinghamshire sind aufgebracht: Ein Mobilfunkanbieter will einen 25 Meter hohen Sendemast in ihrem Städtchen aufstellen. Dagegen haben die braven Briten zunächst nichts einzuwenden. Was sie jedoch buchstäblich auf die Palme bringt: Damit der Mast die Landschaft nicht verschandelt, ist er als Schottische Kiefer verkleidet – die Antennen verbergen sich in einem immergrünen Kunstbaum mit stählernen Ästen und Nadeln aus Plastik.

Die Bewohner befürchten nun, dass Beaconsfield zum landesweiten Gespött wird. „Wenn ich einen Plastikbaum sehen will, gehe ich nach Legoland", entrüstet sich ein erbitterter Einheimischer, ein anderer bezeichnet den Mast als „monströsen Karbunkel". Nun soll Prinz Charles den Beaconsfieldern helfen das Projekt zu stoppen.

Ob der britische Thronfolger da die richtige Adresse ist? Schließlich ist Charles dafür bekannt, dass er sich in architektonischen Fragen eher zum Retrodesign hingezogen fühlt. Und zur rückwärts gewandten Nostalgie-Ästhetik passt der begrünte Mast doch eigentlich sehr gut. Nach der Devise: Natürlich wollen wir die moderne Technik nutzen, aber wir wollen sie bitte nicht sehen.

Und da böten sich nach dem mutigen Vorbild der englischen Telefonfirma noch weitere Projekte an, nicht nur in England: Vielleicht können sich die Gegner der „Verspargelung" unserer Landschaft durch Windkraft-Propeller ja mit Windmühlen-Attrappen im Don-Quichotte-Look anfreunden? Atommeiler in der Form von Termitenhügeln? Hochspannungsleitungen als Lianen, die sich von Baum zu Baum ziehen? Die dekorative Tarnung technischen Geräts mit künstlichem Blattwerk und anderem Grünzeug ist ja eigentlich eine Domäne der Militärs, die ihr Waffenarsenal vor den Blicken des Feindes schützen wollen. Da lässt ein Satz aufhorchen, den ein Sprecher des englischen Mobilfunkanbieters anlässlich der Debatte um den Sendebaum beiläufig fallen ließ: Die Firma betreibe anderswo im Land schon mehrere der Funk-Kiefern. Hat das überhaupt schon jemand bemerkt? Nutzen vielleicht andere Unternehmen längst die Mimikry-Technik? Können wir dem deutschen Wald noch trauen? Sind wir, ohne es zu wissen, schon längst umgeben von Hightech im Tarnkleid? Argwohn ist geboten, wenn demnächst ein Pferdefuhrwerk unbekannter Herkunft über Land zuckelt – es könnte sich um den nächsten Castor-Transport handeln.

Christoph Drösser

George Orwell: Farm der Tiere (Auszug)

[…] Old Major räusperte sich wieder und begann zu singen. Wie er selbst gesagt hatte – seine Stimme war heiser, aber er sang doch recht gut, und es war eine erregende Melodie, so etwa zwischen ‚Clementine‘ und ‚La Cucaracha‘. Und die Worte lauteten:

„Tiere von England, Tiere von Irland,
Tiere zu Lande, im Meer, in der Luft,
Horchet auf meine frohe Verheißung
Goldener Zukunft, die euer ruft.

Früh oder spät, es naht sich die Stunde,
Da der tyrannische Mensch besiegt
Und das grüne Gefilde Englands
Offen zu unseren Hufen liegt.

Ringe verschwinden aus unseren Nasen,
Keines wird mehr an die Deichsel geschnallt,
Sporen und Bügel mögen verrosten,
Nimmer die grausame Peitsche knallt.

Reichtümer, größer als Träume spiegeln,
Weizen und Roggen und Hafer und Heu,
Bohnen und Klee und Mangoldwurzeln,
Unser sind sie, sobald wir frei.

Lichter schimmern die fruchtbaren Felder,
Reiner sprudelt der Bach im Hag,
Süßer und sanfter wehen die Winde,
Bricht er heran, unser großer Tag.

Mögen wir selber ihn nicht mehr schauen,
Sei euch doch keine Arbeit zu viel,
Kühe und Pferde, Gänse und Enten,
Für unser aller erhabenes Ziel.

Tiere von England, Tiere von Irland,
Tiere zu Lande, im Meer, in der Luft,
Gebt sie weiter, die frohe Verheißung
Goldener Zukunft, die euer ruft.“

5. Der Großindustrielle
Quizfragen beantworten – Einen Brief schreiben – Der Erzählerfigur nachspüren – Ein Plakat mit Fakten gestalten

Von Gringos und Indios, vom Handeln und Preisemachen und dem Wert eines handgefertigten Körbchens handelt die folgende Geschichte: Ein amerikanischer Geschäftsmann und ein mexikanischer Indio sind die Hauptfiguren. Obwohl sie – geografisch gesehen – Nachbarn sind, denken und handeln beide recht unterschiedlich, was in der geschilderten Situation zu einer ungewöhnlichen Wendung führt.

B. Traven: Der Großindustrielle

In einem kleinen indianischen Dorfe im Staate Oaxaca erschien eines schönen Tages ein Amerikaner, der Land und Leute zu studieren gedachte. Bei seinem Hin- und Herwandern gelangte er zur Hütte eines indianischen Kleinlandwirtes, der sich seinen bescheidenen Lebensunterhalt dadurch verbesserte, dass er in der freien Zeit, die ihm von seiner Tätigkeit auf seinem 5 Maisfeld blieb, kleine Körbchen flocht.

Diese Körbchen wurden aus Bast geflochten, der in verschiedenen Farben, die der Indianer aus Pflanzen und Hölzern zog, gefärbt war. Der Mann verstand diese vielfarbigen Baststrähnen so künstlerisch zu verflechten, dass, wenn das Körbchen fertig war, es aussah, als wäre es mit Figuren, Orna- 10 menten, Blumen und Tieren bedeckt. Dass diese Ornamente nicht auf das Körbchen etwa aufgemalt waren, sondern als Ganzes sehr geschickt hineingeflochten waren, konnte auch einer, der nichts davon verstand, sofort erkennen, wenn er das Körbchen innen betrachtete. Denn innen kamen alle die Ornamente an der gleichen Stelle wie außen zur Ansicht. Die Körbchen 15 mochten verwandt werden als Nähkörbchen oder als Schmuckkörbchen.

Wenn der Indianer etwa zwanzig Stück dieser kleinen Kunstwerke geschaffen hatte, und er war in der Lage, sein Feld für einen Tag allein zu lassen, dann machte er sich frühmorgens um zwei Uhr auf den Weg zur Stadt, wo er die Körbchen auf dem Markte feilbot. Die Marktgebühr kostete ihn zehn 20 Centavos.

Obgleich er an jedem einzelnen Körbchen mehrere Tage arbeitete, so verlangte er für ein Körbchen nie mehr als fünfzig Centavos. Wenn der Käufer jedoch erklärte, das sei viel zu teuer, und er begann zu handeln, dann ging der Indianer auf fünfunddreißig, auf dreißig und selbst auf fünfundzwanzig 25

Centavos herunter, ohne je zu wissen, dass dies das Los vieler, wohl der meisten Künstler ist.

Es kam oft genug vor, dass der Indianer nicht alle seine Körbchen, die er auf den Markt gebracht hatte, verkaufen konnte; denn viele Mexikaner, die
30 glaubten betonen zu müssen, dass sie gebildet sind, kaufen bei weitem lieber einen Gegenstand, der in einer Massenindustrie von zwanzigtausend Stück täglich hergestellt wird, aber den Stempel Paris oder Wien oder Dresdner Kunstwerkstatt trägt, als dass sie die Arbeit eines Indianers ihres eigenen Landes, der nicht zwei Stück ganz genau gleich anfertigt, in ihrem
35 Einzigkeitswert zu schätzen verstünden.

So, wenn der Indianer seine Körbchen nicht alle verkaufen konnte, dann ging er mit dem Rest von Ladentür zu Ladentür hausieren, wo er, je nachdem, mit barscher, mit gleichgültiger, mit wegwerfender, mit gelangweilter Geste behandelt wurde, wie Hausierer, Buch- und Einrahmungsagenten be-
40 handelt zu werden pflegen.

Der Indianer nahm diese Behandlung hin, wie alle Künstler, die allein den wirklichen Wert ihrer Arbeit zu schätzen wissen, derartige Behandlungen hinnehmen. Er war nicht traurig, nicht verärgert und nicht missgestimmt darüber.

45 Bei diesem Forthausieren des Restes wurden ihm oft nur zwanzig, ja sogar fünfzehn und zehn Centavos für das Körbchen geboten. Und wenn er es selbst für diese Nichtigkeit verkaufte, so sah er häufig genug, dass die Frau das Körbchen nahm, kaum richtig ansah und dann, noch in seiner Gegenwart, das Körbchen auf den nächsten Tisch warf, als wollte sie damit sagen:
50 ,Das Geld ist ja völlig unnütz ausgegeben, aber ich will doch den armen Indianer etwas verdienen lassen, er hat ja einen so weiten Weg gehabt. Wo bist du denn her? – So, von Tlacotepec. Weißt du, kannst du mir nicht ein paar Truthühner bringen? Müssen aber schwer und sehr billig sein, sonst nehme ich sie nicht.'

55 Die Amerikaner sind ja nun mit solchen kleinen Wunderwerken nicht so verwöhnt wie die Mexikaner, die, von einigen Ausnahmen abgesehen, nicht wissen und nicht schätzen, was sie in ihrem Lande an Gütern haben. Und wenn nun auch der allgemeine Amerikaner den wirklichen Wert an unvergleichlicher Schönheit dieser Arbeiten nicht abzuschätzen versteht, so sieht
60 er doch in den meisten Fällen sofort, dass hier eine Volkskunst vorliegt, die er würdigt und umso rascher erkennt und schätzt, als sie in seinem Lande fehlt.

Der Indianer hockte vor seiner Hütte auf dem Erdboden und flocht die Körbchen.

65 Sagte der Amerikaner: „Was kostet so ein Körbchen, Freund?"

„Fünfzig Centavos, Señor", antwortete der Indianer.

„Gut, ich kaufe eines, ich weiß schon, wem ich damit eine Freude machen kann." Er hatte erwartet, dass das Körbchen zwei Pesos kosten würde. Als ihm das klar zum Bewusstsein kam, dachte er sofort an Geschäfte. Er fragte: „Wenn ich Ihnen nun zehn dieser Körbchen abkaufe, was kostet dann das Stück?"

Der Indianer dachte eine Weile und sagte: „Dann kostet das Stück fünfundvierzig Centavos."

„All right, muy bien, und wenn ich hundert kaufe, wie viel kostet dann das Stück?"

Der Indianer rechnete wieder eine Weile: „Dann kostet das Stück vierzig Centavos."

Der Amerikaner kaufte vierzehn Körbchen. Das war alles, was der Indianer auf Vorrat hatte.

Als der Amerikaner nun glaubte, Mexiko gesehen zu haben und alles und jedes zu wissen, was über Mexiko und die Mexikaner wissenswert ist, reiste er zurück nach New York. Und als er wieder mittendrin war in seinen Geschäften, dachte er an die Körbchen. Er ging zu einem Großschokoladenhändler und sagte zu ihm: „Ich kann Ihnen hier ein Körbchen anbieten, das sich als sehr originelle Geschenkpackung für feine Schokoladen verwenden lässt."

Der Schokoladenhändler besah sich das Körbchen mit großer Sachkenntnis. Er rief seinen Teilhaber herbei und endlich auch noch seinen Manager. Sie besprachen sich und dann sagte der Händler: „Ich werde Ihnen morgen den Preis sagen, den ich zu zahlen gewillt bin. Oder wie viel verlangen Sie?"

„Ich habe Ihnen bereits gesagt, dass ich mich nur nach Ihrem Angebot richten kann, ob Sie die Körbchen erhalten. Ich verkaufe diese Körbchen nur an das Haus, das am meisten dafür bietet." Nächsten Tag kam der Mexikokenner wieder zu jenem Händler. Sagte der Händler: „Ich kann für das Körbchen, mit den feinsten Pralinés gefüllt, vier, vielleicht gar fünf Dollar bekommen. Es ist die originellste und schönste Packung, die wir dem Markte anbieten können. Ich zahle zwei und einen halben Dollar das Stück, Hafen New York, Zoll und Fracht auf meine Lasten, Verpackung zu Ihren Lasten."

Der Mexikoreisende rechnete nach.

Der Indianer hatte ihm bei einer Abnahme von hundert das Stück für vierzig Centavos angeboten, das waren zwanzig Cents. Er verkaufte das Stück für zwei und einen halben Dollar. Dadurch verdiente er am Stück zwei Dollar dreißig Cents oder ungefähr zwölfhundert Prozent.

„Ich denke, ich kann es für diesen Preis tun", sagte er.

Worauf der Händler antwortete: „Aber unter einer wichtigen Bedingung. Sie müssen mir wenigstens zehntausend Stück dieser Körbchen liefern können. Weniger hat für mich gar keinen Wert, weil sich sonst die Reklame nicht bezahlt, die ich für diese Neuheit machen muss. Und ohne Reklame kann ich den Preis nicht herausholen."

110 „Abgeschlossen", sagte der Mexikokenner. Er hatte rund etwa vierundzwanzigtausend Dollar verdient, von welchem Betrage nur die Reise abging und der Transport bis zur nächsten Bahnstation.

Er reiste sofort zurück nach Mexiko und suchte den Indianer auf.

„Ich habe ein großes Geschäft für Sie", sagte er. „Können Sie zehntausend
115 dieser Körbchen anfertigen?"

„Ja, das kann ich gut. So viel Sie haben wollen. Es dauert eine Zeit. Der Bast muss vorsichtig behandelt werden, das kostet Zeit. Aber ich kann so viele Körbchen machen, wie Sie wollen."

Der Amerikaner hatte erwartet, dass der Indianer, als er von dem großen Ge-
120 schäft hörte, halb toll werden würde, etwa wie ein amerikanischer Automobilhändler, der auf einen Schlag fünfzig Dodge Brothers verkauft. Aber der Indianer regte sich nicht auf. Er stand nicht einmal hoch von seiner Arbeit. Er flocht ruhig weiter an seinem Körbchen, das er gerade in den Händen hatte. Es waren vielleicht noch fünfhundert Dollar extra zu verdienen,
125 womit die Reisekosten hätten gedeckt werden können, dachte der Amerikaner; denn bei einem so großen Auftrag konnte der Preis für das einzelne Körbchen sicher noch ein wenig herabgedrückt werden.

„Sie haben mir gesagt, dass Sie mir die Körbchen das Stück für vierzig Centavos verkaufen können, wenn ich hundert Stück bestelle", sagte er nun.
130 „Ja, das habe ich gesagt", bestätigte der Indianer. „Was ich gesagt habe, dabei bleibt es."

„Gut dann", redete der Amerikaner weiter, „aber Sie haben mir nicht gesagt, wie viel ein Körbchen kostet, wenn ich tausend Stück bestelle."

„Sie haben mich nicht darum gefragt, Señor."
135 „Das ist richtig. Aber ich möchte Sie jetzt um den Preis für das Stück fragen, wenn ich tausend Stück bestelle und wenn ich zehntausend Stück bestelle."

Der Indianer unterbrach jetzt seine Arbeit, um nachrechnen zu können. Nach einer Weile sagte er: „Das ist zu viel, das kann ich so schnell nicht ausrechnen. Das muss ich mir erst gut überlegen. Ich werde darüber schlafen
140 und es Ihnen morgen sagen."

Der Amerikaner kam am nächsten Morgen zum Indianer, um den neuen Preis zu hören.

„Haben Sie den Preis für tausend und für zehntausend Stück ausgerechnet?"

„Ja, das habe ich, Señor. Und ich habe mir viel Mühe und Sorge gemacht,
145 das gut und genau auszurechnen, um nicht zu betrügen. Der Preis ist ganz genau ausgerechnet. Wenn ich tausend Stück machen soll, dann kostet das Stück zwei Pesos, und wenn ich zehntausend Stück machen soll, dann kostet das Stück vier Pesos." Der Amerikaner war sicher, nicht richtig

verstanden zu haben. Vielleicht war sein schlechtes Spanisch daran schuld.

Um den Irrtum richtig zu stellen, fragte er: „Zwei Pesos für das Stück bei tausend und vier Pesos das Stück bei zehntausend? Aber Sie haben mir doch gesagt, dass bei hundert das Stück vierzig Centavos kostet."

„Das ist auch die Wahrheit. Ich verkaufe Ihnen hundert das Stück für vierzig Centavos." Der Indianer blieb sehr ruhig, denn er hatte sich alles ausgerechnet und es lag kein Grund vor zu streiten. „Señor, Sie müssen das doch selbst einsehen, dass ich bei tausend Stück viel mehr Arbeit habe als mit hundert, und mit zehntausend habe ich noch viel mehr Arbeit als mit tausend. Das ist gewiss jedem vernünftigen Menschen klar. Ich brauche für tausend viel mehr Bast, habe viel länger nach den Farben zu suchen und sie auszukochen. Der Bast liegt nicht gleich so fertig da. Der muss gut und sorgfältig getrocknet werden. Und wenn ich so viele tausend Körbchen machen soll, was wird dann aus meinem Maisfeld und aus meinem Vieh? Und dann müssen mir meine Söhne, meine Brüder und meine Neffen und Onkel helfen beim Flechten. Was wird denn da aus deren Maisfeldern und aus deren Vieh? Das wird dann alles sehr teuer. Ich habe gewiss gedacht, Ihnen sehr gefällig zu sein und so billig wie möglich. Aber das ist mein letztes Wort, Señor, verdad, ultima palabra, zwei Pesos das Stück bei tausend und vier Pesos das Stück bei zehntausend."

Der Amerikaner redete und handelte mit dem Indianer den halben Tag, um ihm klarzumachen, dass hier Rechenfehler vorliegen. Er brauchte ein neues Notizbuch voll von Blättern, um an Ziffern zu beweisen, wie der Indianer für sich ein Vermögen verdienen könne, bei einem Preis von vierzig Centavos für das Stück, und wie man Unkosten und Materialkosten und Löhne verrechnet.

Der Indianer sah sich die Ziffern verständnisvoll an und er bewunderte die Schnelligkeit, mit der der Amerikaner die Ziffern niederschreiben und aufsummieren, zerdividieren und durchmultiplizieren konnte. Aber im Grunde machte es wenig Eindruck auf ihn, weil er Ziffern und Buchstaben nicht zu lesen vermochte und aus der klugen, volkswirtschaftlich sehr bedeutenden Vorlesung des Amerikaners keinen anderen Nutzen zog als den, dass er lernte, dass ein Mann stundenlang reden kann, ohne etwas zu sagen.

Als der Amerikaner dann endlich erkannte, dass er den Indianer von seinen Rechenfehlern überzeugt hatte, klopfte er ihm auf die Schulter und fragte: „Also, mein Freund, wie steht nun der Preis?"

„Zwei Pesos das Stück für tausend und vier Pesos das Stück für zehntausend." Der Indianer hockte sich nieder und fügte hinzu: „Ich muss jetzt aber doch wieder an meine Arbeit gehen, entschuldigen Sie mich, Señor."

Der Amerikaner reiste in Wut zurück nach New York, und alles, was er zu

195 dem Schokoladenhändler sagen konnte, um seinen Vertrag lösen zu können,
war: „Mit Mexikanern kann man kein Geschäft machen, für diese Leute ist
keine Hoffnung."
So wurde New York davor bewahrt, von Tausenden dieser köstlichen kleinen
Kunstwerke überschwemmt zu werden. Und so wurde es möglich, zu ver-
200 hüten, dass diese wunderschönen Körbchen, in die ein indianischer Land-
mann den Gesang der Vögel, die um ihn waren, die Farbenpracht der Blumen und Blüten, die er täglich im Busch sah, und die ungesungenen Lieder,
die in seiner Seele klangen, hineinzuweben gewusst hatte, zermanscht und
zerstampft in den Kehrrichttonnen in der Park Avenue gefunden wurden,
205 weil sie keinen Wert mehr hatten, nachdem die Pralinés herausgeknabbert
waren.

Aufgabe 1:
Mit dem folgenden Quiz könnt ihr überprüfen, ob ihr wichtige Einzel-
heiten des Textes behalten habt.

Entscheidet bei jeder der Behauptungen des Mexikaners 🎩 und
des Amerikaners 🤠, ob sie richtig oder falsch ist, und belegt dies mit
der entsprechenden Textstelle (Zeilenangabe).
Ihr könnt das Quiz nach unterschiedlichen Regeln spielen:
– **in der Gruppe:** Wählt dazu einen Spielleiter, der euch die Behauptungen vorliest und mit Hilfe der Lösungsschablone auf S.84 eure
Angaben überprüft und Punkte verteilt.
– **mit einem Partner:** Schneidet dazu die Aussagen auseinander,
zieht und löst abwechselnd die Aufgaben.

Mexikaner

1
Der Amerikaner schaute sich mit
Sachkenntnis die Körbchen an
und schätzte sie als kleine Kunstwerke.
richtig ☐ falsch ☐

2
Er wollte von vornherein nur ein
Geschäft mit mir machen.
richtig ☐ falsch ☐ Zeile/n:

Amerikaner

1
Geschäfte zu machen ist der Mexikaner offenbar nicht gewohnt; er
brauchte schon beim ersten Mal sehr
lange, um den Preis zu nennen.
richtig ☐ falsch ☐ Zeile/n:

2
Manchmal läuft der Mexikaner doch
von Haus zu Haus und verschleu-
dert seine Körbchen für einen Spott-
preis.
richtig ☐ falsch ☐ Zeile/n:

3
Der Amerikaner bot die Körbchen wohl einem Nähwarenhersteller an.

richtig ☐ falsch ☐

3
Er war total stur und ließ sich einfach nicht überzeugen, obwohl ich ihm alles stundenlang erklärte.

richtig ☐ falsch ☐ Zeile/n

4
Er dachte, dass ich halb verrückt werden würde, als er mir das Geschäft vorschlug.

richtig ☐ falsch ☐ Zeile/n:

4
Er malte farbige Figuren und Ornamente auf die Körbchen auf.

richtig ☐ falsch ☐

5
Er verstand mich überhaupt nicht und fuhr nur wütend nach Hause.

richtig ☐ falsch ☐ Zeile/n:

5
Er behauptete sogar, er hätte den Preis sorgfältig und genau ausgerechnet.

richtig ☐ falsch ☐ Zeile/n:

6
Sehr schnell schreiben und rechnen kann er ja, aber nichts verständlich machen.

richtig ☐ falsch ☐ Zeile/n:

6
Der hat doch eigentlich den ganzen Tag nichts zu tun außer seine Körbchen zu flechten.

richtig ☐ falsch ☐

7
Der Amerikaner hat gleich am Anfang den ganzen Vorrat an Körbchen aufgekauft.

richtig ☐ falsch ☐ Zeile/n:

7
Auf dem Indianermarkt lässt der Mexikaner sich doch auch runterhandeln.

richtig ☐ falsch ☐ Zeile/n:

Die Entscheidung des Mexikaners und seine Begründung sind nicht nur für den Amerikaner, sondern auch für uns ziemlich überraschend. Vieles davon erscheint in gewisser Weise logisch.
Aber – steckt nicht doch noch mehr dahinter?
Gibt es vielleicht noch andere Gründe?
Und – hat nicht auch der Amerikaner, für den der Erzähler wenig Sympathie zeigt, vielleicht in manchen Punkten Recht?

Aufgabe 2:

Versetzt euch in die Rolle einer der beiden Hauptfiguren, versucht deren Gedanken, Empfindungen und Begründungen genauer auf die Spur zu kommen, und wählt eine der beiden Aufgaben:

a) Schreibt einen Brief des Mexikaners an eines seiner Familienmitglieder, in dem er sein Verhalten in der Situation „ehrlich" erklärt.

b) Schreibt einen Brief des Amerikaners an den Schokoladenhersteller, in dem er ihm die Gründe für das Scheitern des Geschäftes mitteilt.

Das Zusatzmaterial wird euch dabei weiterhelfen!

Oaxaca, den ...

Lieber Pedro!

Du weißt ja sicher schon, dass ich das große Geschäft mit dem Amerikaner abgelehnt habe. Du hast wahrscheinlich heftig geflucht und verstehst das alles nicht. Aber dieser gringo, typisch wieder mal, ...

New York, den ...

Sehr geehrter Herr ...!

Mit Bedauern muss ich Ihnen mitteilen, dass meine Verhandlungen in Oaxaca gescheitert sind. Mit Mexikanern kann man einfach keine Geschäfte machen! ...

Jede Geschichte, so auch diese, ist ein vom Autor bewusst gestaltetes Werk.
Alles, was wir dem Text entnehmen können, hat eine bestimmte Aufgabe und Absicht. Nicht nur die Figuren, sondern auch der Erzähler werden vom Autor erdacht.

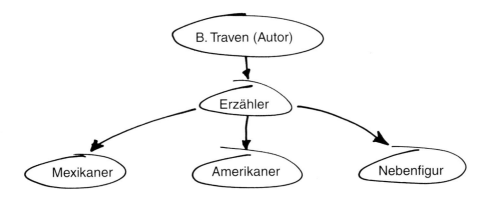

Aufgabe 3:
Der Erzähler als eigene Figur bleibt häufig im Hintergrund, aber an manchen Stellen wird er greifbar, indem er charakterisiert, akzentuiert, etwas auslässt, etwas besonders betont, verschweigt, Stellung nimmt. Auch B. Travens Erzähler erzählt nicht völlig neutral und objektiv, sondern so, dass seine Absicht deutlich wird. Er charakterisiert seine Hauptfiguren, er bewertet deren Verhalten, er ergreift Partei.
Dem kommt ihr auf die Spur, wenn ihr einige Textstellen nochmals genauer unter die Lupe nehmt. Die nachfolgenden Fragen leiten euch dabei.
1. Wie wird der Amerikaner bei seinen Begegnungen mit dem Mexikaner durch sein Verhalten charakterisiert?
2. Wie werden die Körbchen und die Arbeit des Mexikaners vom Erzähler geschildert und dabei gleichzeitig bewertet?
3. Mit welchen ironisch gemeinten Sätzen und Worten wertet der Erzähler das Verhalten des Amerikaners?
4. Wo nimmt der Erzähler mit einem eigenen zusammenhängenden Kommentar Stellung zum Geschehen?

Aufgabe 4:

Gestaltet anhand der Vorlage ein Plakat zu den Fakten der Geschichte, vielleicht auch als Leseanreiz für Mitschüler anderer Klassen.
Fasst dazu das Wichtigste zu den einzelnen Überschriften kurz und prägnant zusammen. Viele Formulierungen aus den vorangegangenen Aufgaben werden euch dabei hilfreich sein.

Fakten zur Geschichte:

Steckbrief Mexikaner: Steckbrief Amerikaner:

_____   _____

_____   _____

Das Verhandlungsobjekt:

_____

_____

Das Problem:

_____

_____

Ort des Geschehens: Die Bedingungen des
                                             Schokoladenhändlers:

_____   _____

                                             _____

Der überraschendste Moment: Die Emotionen:

_____   _____

_____   _____

Steckbrief des Autors:

_____

_____

Zusatzmaterialien

New York

Mexiko

Aus Reiseführern über Mexiko:

Die Indios

Der Anteil der Indios – der indianischen Urbevölkerung Mexikos – ist rückläufig und liegt heute bei ca. 10–15 Prozent. Noch 1870 stellten sie die absolute Mehrheit und um 1920 immerhin noch 30–35 Prozent der Bevölkerung.
Etwa ein Viertel der heutigen Indios spricht kein Spanisch, sondern nur indianische Sprachen.
Obwohl der mexikanische Staat und das Nationale Indianerinstitut bestrebt sind, das kulturelle Erbe der Indios zu erhalten, leben diese ökonomisch und sozial am Rande der Gesellschaft.
Die Mehrzahl der Indios lebt im zentralen Hochland (Mexiko, Hildalgo, Puebla), im Süden (Guerrero, Oaxaca, Chiapas), an der Golfküste (Veracruz) und im Osten (Halbinsel Yucatan).

Gringo

Gringo ist die gar nicht liebevoll gemeinte Bezeichnung für Nordamerikaner. Das Verhältnis vieler Mittelamerikaner, nicht nur der Mexikaner, zum großen, übermächtigen Nachbarn im Norden ist kompliziert und problemgeladen, seit die Vereinigten Staaten nach dem Krieg von 1846/47 ein Drittel des mexikanischen Staatsgebietes annektierten.

Die wirtschaftliche Überlegenheit der USA macht Mexiko für viele US-Amerikaner zu einem nahe liegenden, preiswerten Reiseland mit folkloristischem Gepräge. 90% aller Mexiko-Touristen kommen daher aus Nordamerika. Sie treten häufig recht unsensibel und überheblich auf, was für die stolzen Mexikaner nur schwer erträglich ist.
Andererseits braucht Mexiko die harte Währung, die „dollares" der US-Touristen, um wirtschaftlich in Schwung zu kommen ...

... Jeder Mexikaner hat seine eigene Grenze mit den USA, nicht nur die 2600 km lange geografische Grenze, die vom Golfo de Mexico bis Ciudad Juarez (El Paso) dem Rio Grande und dem Rio Bravo folgt.

Gegenseitige Stereotypen

Die Menschen Mexikos fühlen sich von den USA häufig gedemütigt, und der Vergleich mit den Vereinigten Staaten reizt viele Mexikaner zu emotionsgeladenen patriotischen Äußerungen: Bei sportlichen Wettkämpfen gegen US-Sportler strengen sich Mexikaner besonders an und erhalten lautstarke Unterstützung des Publikums. Als Ausländer wird man manchmal despektierlich mit gringo angesprochen, doch wenn man diesen „Vorwurf" verneinen und sogar „soy aleman" („Ich bin Deutscher" entgegnen kann, erhält man meist eine sehr positive Reaktion.

Das Verhältnis vieler Mexikaner zu den USA ist jedoch sehr vielfältig, es ist vor allem äußerst ambivalent: Viele (nicht nur junge) Mexikaner verherrlichen die USA, vor allem ihre „Kulturleistungen" wie Hollywood-Filme, Soap Operas, Hamburger, Coca Cola, den Musikkanal MTV, den Kinokabelsender HBO und die 24-Stunden-News-Show von CNN – eben die Symbole der kulturellen Hegemonie der USA.

Das **Mexikobild vieler US-Amerikaner** ist geprägt von den Klischees in den USA produzierter Filme: Stellvertretend für die südlichen Nachbarn treten hierin auf der sicherlich sympathische, doch zuweilen hinterlistige Speedy Gonzalez und der schnauzbärtige, Sombrero tragende kleine Ganove aus den Westernfilmen, der den edlen US-Helden zwar ständig übers Ohr hauen will, am Ende aber doch stirbt. Handelt es sich um neue Filme, so erscheint nicht selten ein Kellner, der den reichen Gast aus Oklahoma beim Bezahlen seiner Getränkerechnung um ein paar Pesos übervorteilen möchte. In den Nachrichtensendungen werden in schöner Regelmäßigkeit Bilder von den illegalen Grenzgängern (und von ihrer Verhaftung) gezeigt.
...

Knigge für Businessmen & -women

Nicht jeder Mexiko-Besucher kommt wegen Pyramiden oder Pazifikstränden, viele lockt auch das Big Business. Ob Sie als Geschäftsmann in Mexiko allerdings erfolgreich sein werden, hängt nicht zuletzt davon ab, wie Sie mit Ihrem mexikanischen Partner klarkommen. Hier einige Tipps:

• Mexikanische Unternehmen und Behörden sind streng hierarchisch aufgebaut. Versuchen Sie den ersten Kontakt möglichst ganz oben anzusetzen, nach unten werden Sie sowieso problemlos weitergereicht.

• Termine mit Topmanagern sind schwer zu bekommen: Schalten Sie unbedingt einen einflussreichen „amigo" ein, mit seiner Hilfe öffnet sich manche sonst verschlossene Tür.

• Erwarten Sie keine deutsche Pünktlichkeit: Längere Wartezeiten sind die Regel, nicht die Ausnahme.

• Rufen Sie kurz vor dem vereinbarten Termin Ihren Gesprächspartner noch einmal an und lassen Sie sich den Termin bestätigen.

• Führen Sie die Verhandlungen wenigstens teilweise in spanischer Sprache, auch wenn Ihre Partner Englisch sprechen.

• Nehmen Sie sich Zeit: Ausgiebiger Austausch von Höflichkeiten ist unerlässlich. Auch wenns dann um Konkretes geht: Verhandlungsergebnisse werden Sie nur langsam erzielen.

• Von Mexikanern hören Sie selten ein klares „ja" oder „nein". Formulierungen wie „como no" („warum eigentlich nicht") und „con mucho gusto" („selbstverständlich") signalisieren nicht in jedem Fall Zustimmung.

• Auch wenn die Atmosphäre während der Verhandlungen locker scheint, sollten Sie immer korrekt gekleidet sein, das Wichtigste über Land und Leute wissen – und sich niemals über die mexikanischen Verhältnisse lustig machen, das ist ein Privileg der Mexikaner.

• Zu guter Letzt: Überfrachten Sie Ihren Terminkalender nicht. Ihr Geschäftspartner geht davon aus, dass Sie nur seinetwegen nach Mexiko gekommen sind und über unbegrenzte Zeit für ihn verfügen. Also: Ein Weniger an Terminen bedeutet oft ein Mehr an Erfolg.

Wie errechnet sich der Gewinn?

> Gewinn = Erlös minus Kosten

Im Folgenden siehst du genauer, wie der Gewinn zu errechnen ist:

> Erlöse

minus folgende

> Kosten

Material-/Energiekosten
Lohnkosten
Steuern
Zinsen für Fremdkapital
_____

gleich   Unternehmensüberschuss (=Rohgewinn)

> Rohgewinn

minus folgende

> Abzüge

Unternehmerlohn
Zinsen für Eigenkapital
Risikoprämie
_____

gleich   Gewinn (oder Verlust)

Die folgenden Worterklärungen sollen dir helfen, dieses Schema besser zu verstehen.

- **Material-/Energiekosten:** z. B. für Werkzeuge, Maschinen, Rohstoffe, Strom.
- **Lohnkosten:** Löhne von der Putzfrau bis zum Generaldirektor.
- **Steuern:** Hier sind vor allem die Gewerbesteuer, Mehrwertsteuer, Mineralölsteuer gemeint.
- **Zinsen für Fremdkapital:** Werden auf einer Bank Kredite aufgenommen, müssen dafür Zinsen gezahlt werden.
- **Unternehmerlohn:** Man versteht darunter den Lohn, den der Unternehmer verdienen würde, wenn er z. B. als Geschäftsführer angestellt wäre.
- **Zinsen für Eigenkapital:** Das sind die Zinsen, die der Unternehmer für sein in das Unternehmen gesteckte Geld bei einer Bank erhalten würde.
- **Risikoprämie:** Sie soll berücksichtigen, dass das Betreiben eines Unternehmens immer mit dem Risiko eines Verlusts verbunden sein kann.

Lehrerkommentar

Das Werkstatt-Heft bietet eine Mischung aus klassischen Kurzgeschichten und modernen kurzen Geschichten, die den Schülern einen interessanten Einblick in die unterschiedlichen Formen der modernen Kurzprosa ermöglicht.

Im Mittelpunkt des *ersten Teils* des Heftes stehen drei klassische Kurzgeschichten, die in der unmittelbaren Nachkriegszeit entstanden und deren Atmosphäre widerspiegeln.

Neben ihrer inhaltlichen Aufbereitung geht es hier vor allem um die Erarbeitung wesentlicher struktureller Merkmale dieser Textsorte. Durch das Sammeln eigener Erfahrungen im Umgang mit den Texten gewinnen die Schüler Einsichten in die Struktur der klassischen Kurzgeschichte und erarbeiten deren Merkmale weitgehend eigenständig. Jeweils ein spezifisches Merkmal wird bei jeder der drei Kurzgeschichten in den Vordergrund gerückt; die Erweiterung findet auf der Grundlage der gewonnenen Leseerfahrungen über die Bearbeitung eines Aussagepools statt.

Auf dieser Basis können die Schüler selbstständig versuchen zu einem ersten eigenen Definitionsansatz zu kommen, den sie dann mit der im Heft angebotenen Definition vergleichen.

Der *zweite Teil* des Heftes konzentriert sich auf kurze Geschichten jüngeren Datums. Bei der Auswahl wurde keine thematische Reihung vorgenommen. Vielmehr standen unterschiedliche erzählerische Formen und verschiedenartige zeitgemäße Themen im Vordergrund, die insbesondere für Schüler dieser Altersgruppe von Interesse sind.

Die unterschiedlichen methodischen Zugangsweisen (Fotoroman, Interview, Parallelgeschichte und Reisetagebuch schreiben etc.) führt Schüler zu einer intensiveren Auseinandersetzung mit den kurzen Geschichten, als dies der herkömmliche Literaturunterricht zu leisten vermag.

Sie können dabei z. B.

– durch Empathie mit den Figuren deren Charakter ausloten, ihre Reaktionen verstehen, ihre Handlungen antizipieren,

– durch Übertragung von Geschehnissen einer Geschichte Parallelen erkennen und neue Handlungen entwerfen und formulieren,

– satirische Übertreibungen weiter entwickeln, um sie in denkbare Zukunftsvisionen münden zu lassen.

Diese ansprechenden kreativ-produktiven Aufgaben ergeben sich aus den spezifischen Besonderheiten der jeweiligen Geschichte und sind so gewählt, dass sie sich mit relativ geringem organisatorischen Aufwand und mit bekannten Arbeitstechniken verwirklichen lassen.

Das Heft wurde so konzipiert, dass sowohl beide Teile des Werkstatt-Heftes als auch jede der modernen kurzen Geschichten unabhängig voneinander im Unterricht eingesetzt werden können.

Bei einem Großteil der Texte haben die Schüler Wahlmöglichkeiten zwischen mehreren Aufgabenstellungen und Arbeitsformen, so dass sie einerseits untereinander intensiver über die Texte ins Gespräch kommen und andererseits stärker ihren Neigungen und Fähigkeiten entsprechend arbeiten können.

Zahlreiche Zusatzmaterialien (Texte, Bildanreize etc.) zu den einzelnen Geschichten liefern u. a. hilfreiche Informationen und Anregungen, thematische Ergänzungen und Erweiterungen.

Info-Karte Info-Karte Info-Karte Info-Karte Info-Karte

Kurz-Info zur Kurzgeschichte

Die Kurzgeschichte ist eine Textgattung, die in Deutschland vor allem in den Jahren 1945–1970 eine große Rolle spielte. Sie hat ihren Ursprung in der amerikanischen „short story" und wurde in Deutschland nach dem Krieg von vielen Autoren aufgegriffen und weiter entwickelt, weil sie sich gut für die Darstellung und Verarbeitung von Kriegs- und Nachkriegserlebnissen eignete.

Neuere Kurzgeschichten greifen andere, aktuellere Thematiken auf und sind auch in ihrer Form vielfältiger geworden, so dass die Übergänge zu anderen Textsorten fließender geworden sind.

Die wichtigsten Merkmale der Kurzgeschichte:

1. Sie ist relativ kurz.
2. Sie verdichtet die Handlung und konzentriert sich nur auf das Wesentliche.
3. Die Handlung beschränkt sich häufig auf eine einzelne, oft sehr bedeutsame/entscheidende Situation.
4. Die Zeitdauer der Handlung ist eher kurz, ausschnitthaft.
5. Die Kurzgeschichte beginnt unmittelbar mit der Handlung und hat einen relativ offenen Schluss.
6. Die Handlung spielt meist in der unmittelbaren Gegenwart des Autors und der gewohnten Umgebung des Lesers.
7. Die Personen einer Kurzgeschichte sind meistens gewöhnliche Menschen des Alltags, anonyme, typisierte Figuren.
8. Die Handlung wird häufig aus der Sicht einer beteiligten Person wiedergegeben.
9. Ihre Sprache ist kurz, prägnant und von sachlicher Nüchternheit, die Atmosphäre häufig düster und bedrückend.

Allerdings müssen nicht immer alle Merkmale gleichzeitig in einer Kurzgeschichte vorhanden sein.

Lösungsmuster für die Kurzgeschichte „Die Küchenuhr":

Lösung zur Kurzgeschichte „Die Probe":
Beim ersten Mal ist der linke Ausschnitt der originale, beim zweiten Mal der rechte.

Lösungsschablone zur Kurzgeschichte „Der Großindustrielle":

	richtig	falsch	Zeile/n:		richtig	falsch	Zeile/n:
1	☐	☒		1	☒	☐	72 oder 76
2	☒	☐	69	2	☒	☐	36–37
3	☐	☒		3	☒	☐	174–175 oder 182–186
4	☒	☐	119–120	4	☐	☒	
5	☒	☐	193	5	☒	☐	144–145
6	☒	☐	180–186	6	☐	☒	
7	☒	☐	78–79	7	☒	☐	23–26

Text- und Bildquellenverzeichnis

S. 6 und 7 unten: Fotos: BPK, Berlin – S. 7 oben: Erich Andres

S. 6/7: Peter Härtling: Krücke (Auszug). Beltz & Gelberg, Weinheim und Basel , S. 11 f.

S. 9: Wolfgang Borchert: Die Küchenuhr. Aus: Das Gesamtwerk. Rowohlt, Hamburg 1949, S. 201–204

S. 12: Heinrich Böll: An der Brücke. Aus: Romane und Erzählungen I. Kiepenheuer & Witsch, Köln 1947–51, S. 55–57

S. 15: Herbert Malecha: Die Probe. Aus: Paul Hühnerfeld (Hrsg.): Die Probe. Marion von Schröder, Hamburg 1955, S. 21–27

S. 21: Federica de Cesco: Spaghetti für zwei. Aus: Freundschaft hat viele Gesichter. Erzählungen. Rex-Verlag, Stuttgart 1986

S. 24: Lexikonartikel „Fotoroman". Aus: Brockhaus. Die Enzyklopädie in 24 Bänden. F. A. Brockhaus, Leipzig, Mannheim 1997, 20. Aufl., Band 7, S. 515

S. 25: Fotostory © BRAVO 1999, Heinrich Bauer Smaragd KG/Heinrich Bauer Spezialzeitschriften-Verlag KG

S. 26/27: Illustration: Helga Merkle, Zell

S. 28: Illustration: Mathias Hütter, Schwäbisch Gmünd

S. 29: Barbara Rhenius: Ohne Ausländer? Aus: Wortstark. Themen und Werkstätten für den Deutschunterricht. Schroedel-Verlag, Hannover 1997

S. 30: Karlhans Frank: Du und ich. Aus: Silvia Bartholl (Hrsg.): Texte dagegen. Beltz & Gelberg, Weinheim und Basel 1993

S. 30: Hans Manz: Eine wahre Alltagsgeschichte. Aus: Silvia Bartholl (Hrsg.): Texte dagegen. Beltz & Gelberg, Weinheim und Basel 1993.

S. 31 Karikatur: Andreas Rulle, Karikatur-Werkstatt, Worms

S. 32: Foto: © Pressefoto Michael Seifert, Hannover

S. 33: Gabriele Wohmann: Ja, das ist machbar. Aus: Kassensturz. Luchterhand Verlag, Hamburg, Zürich 1992

S. 39: Aus: Tagesspiegel vom 04. 05. 1998, S. 22, Foto: AP

S. 40: Porträt Martina Hingis aus: BRIGITTE Nr. 13/1997, S. 81 (Text: Mark Kuntz). Foto: © dpa, Stuttgart

S. 41: Porträt Steffi Graf aus: BRIGITTE Nr. 24/1989, S. 91. Foto: © dpa/Wolfgang Eilmes/Stuttgart

S. 42: Aus: Tagesspiegel vom 01. 04. 1997, S. 4

S. 43: Foto © Bavaria, München

S. 44: Otto Heinrich Kühner: Parkplatz auf Lebenszeit. Aus: Der Pappkamerad und die Strohpuppe. Münchener Edition Schneekluth, München 1984

S. 45: Fotos: © Renault, Chris Cheetham

S. 46: Karte: © Alexander-Schulatlas. Ernst Klett Verlag, Stuttgart, S. 34

S. 49: Aus: Tagesspiegel vom 22. 05. 1999, S. 10 (kf)

S. 49: Aus: TAZ-Berlin vom 06. 05. 1999, S. 22 (dpa FBM)

S. 49: Cartoon aus: Handelsblatt vom 14. 04. 1998, S. 23

S. 50: Peter Gaymann: Die paar Probleme. Aus: BRIGITTE Nr. 8/1998, S. 7

S. 51: Ephraim Kishon: Parkplatz gesucht. Aus: Kishons beste Geschichten. Langen-Müller, München/Wien 1968

S. 54: Wolfgang Bächler: Stadtbesetzung. Aus: Bächler: Stadtbesetzung. Prosa. S. Fischer Verlag, Frankfurt/M. 1979

S. 54 links und 55 oben rechts: Karikaturen: Max Peintner, Wien

S. 54 rechts und 55 oben links: Karikaturen: Aygün Tugay und Edmund Waltuch aus: Cartoons 77. 2. Weltausstellung der Karikatur in Berlin. Hrsg. von INFOPLAN, Berlin

S. 55 unten: Foto: Yvonne Dettmer, Berlin
S. 56: Foto: AP/Heribert Proepper/Frankfurt/M.
S. 57 oben: Foto: © Mauritius, Stuttgart
S. 57 unten: Foto: © Bilderberg/Milan Horacek/Hamburg
S. 58: Thomas de Padova: Die doppelte Dolly. Aus: Tagesspiegel, Berlin
S. 61: Grafik: © Globus Infografik, Hamburg
S. 62: Ilona Bodden: Eines Tages … Aus: Praxis Deutsch, Heft Nr. 99, 1990, S. 31
S. 63: Christoph Drösser: Dem Wald ist nicht zu trauen. Aus: DIE ZEIT Nr. 34 vom 13. 8. 1998
S. 64: George Orwell: Farm der Tiere (Auszug). Diogenes Verlag, Zürich 1974
S. 65: B. Traven: Der Großindustrielle. Aus: Der Banditendoktor. Erzählungen. Büchergilde Gutenberg, Frankfurt am Main, Wien, Zürich 1980
S.75 oben: Foto: Hans-Dieter List, Berlin
S. 75 unten: Foto: © Barbara Klemm, Frankfurt/M.
S. 76: „Gringo" aus: Wolfgang Abel: Mexiko. Zwischen Mexiko City und Yukatan. Oase Verlag, Badenweiler 1990
S. 77: „Stereotypen" aus: Klaus Boll: KulturSchock Mexiko. Reise Know-How Verlag Peter Rump, Bielefeld 1997
S. 78: „Knigge für Businessmen & -women" aus: Geo Spezial: Mexiko. Verlag Gruner & Jahr, Hamburg, Heft 2/1986, S. 152. Foto: © Bildagentur Harmann, München
S. 79: „Wie errechnet sich der Gewinn" aus: S. Geisenberger/E. Kösel (Hrsg.): Wirtschaftslehre 3. Das Unternehmen. Herder Verlag, Freiburg 1980

Hinweis: Nicht in allen Fällen war es uns möglich, den uns bekannten Rechteinhaber der Abbildungen ausfindig zu machen. Berechtigte Ansprüche werden selbstverständlich im Rahmen der üblichen Vereinbarungen abgegolten.

Weitere „Werkstatt Literatur"-Hefte zum produktiven Umgang mit Texten und Themen

Joachim Fritzsche:

Schreibwerkstatt

Schreibaufgaben, -übungen, -spiele

Klasse 5–10

Vielfältige Anregungen zum kreativen
Schreiben: 35 Aufgaben und Spiele
laden zum Entwerfen von Geschichten
und Gedichten ein. Methodisch-didakti-
sche Erläuterungen geben Orientie-
rungen für den Einsatz im Unterricht;
Beispieltexte von Schülern illustrieren
den möglichen Erwartungshorizont.
Klettbuch 30635

Alexander Bertsch/Hartmut Merkt:

Verseschmiede – Spielerischer Umgang mit Gedichten

Klasse 5–7

Bei dieser Einführung in die Verslehre
steht – im Gegensatz zur traditionellen
analytischen Gedichtbetrachtung – das
eigene Verseschmieden im Vordergrund. Eine lustige Story führt durch
den Kursus.
Klettbuch 30622

Albrecht Schau:

Szenisches Interpretieren im Unterricht

Klasse 5–10

Mit Literatur einmal anders umgehen.
Gedichte, Erzählungen und andere Texte
erschließen und verstehen, indem die
Texte „in Szene gesetzt" werden.
Klettbuch 30637

Ingo Scheller:

Friedrich Schillers „Wilhelm Tell" – szenisch interpretiert

Ab Klasse 8

Der Band enthält den vollständigen Text
und macht zahlreiche Vorschläge, wie
dieses Drama mit Mitteln des szenischen
Spiels interpretiert werden kann. Er stellt
anschauliches Bild- und Textmaterial für
das Verstehen historischer Hintergründe
zur Verfügung und skizziert detailliert,
wie sich Schülerinnen und Schüler
durch Rollenschreiben, Rollenge-
spräche, Standbilder, Szenisches Lesen
und Szenisches Spiel einen Zugang erarbeiten können.
Klettbuch 30638

Angelika Kriege-Endell:

Balladen – hören, spielen, verstehen

Ab Klasse 7

Inhaltlich und formal wird das Spektrum
von der klassischen Ballade bis zu Balla-
denvarianten moderner Liedermacher
abgedeckt. Unterschiedliche Vorgehens-
weisen und Interpretationshilfen in einer
beeindruckenden Methodenvielfalt.
Klettbuch 30628
Hörspielkassette, 38 min.
Klettnr. 306281

Bolko Bullerdiek:

Einmischungen

Anregungen zu einem produktiven Umgang mit Lyrik und kurzer Prosa

Ab Klasse 9

Hier geht es darum, an repräsentativen Beispielen die Vielfalt literarischer Ausdrucksformen zu erkennen. Zahlreiche Methoden werden gezeigt, die durch den spielerischen Umgang mit dem Wort ermutigen, selbst zu schreiben, literarische Vorlagen umzugestalten oder zu variieren.

Klettbuch 30624

Yvonne Dettmer / Hans-Dieter List:

sagenhaft

Sagen auf der Spur – lesend, gestaltend, inszenierend

Ab Klasse 5

Neugierig machen auf Sagen aus verschiedenen Regionen Deutschlands: Das Heft bietet vielfältige Anregungen kreativ-handelnd mit Sagentexten umzugehen. Aufgabenkarten und Infobögen zum Kopieren und Ausschneiden laden zur Freiarbeit ein.

Klettbuch 30645

Christina Dieterle / Ute-Ena Iaconis:

„Und keiner schaut hin"

Szenische Zugänge zu Texten über Gewalt

Ab Klasse 7

Wie man sich dem Thema Gewalt ichnah, handlungsorientiert und szenisch deutend nähern kann, wird in diesem Heft an einer Auswahl von unterschiedlichsten Texten und Bildern aufgezeigt. Praktische Übungen zur szenischen Interpretation und zum kreativen Schreiben berücksichtigen die Perspektiven von Opfer, Täter und Zeugen und auch eigene Erfahrungen. Szenisches Spiel selbst kann Beispiel sein für einen gewaltfreien Umgang miteinander,

denn es ist nur möglich durch Kooperation, Konsensfähigkeit und den Einsatz für das gemeinsame Ziel.

Das Heft eignet sich für fächerverbindenden Unterricht (Ethik, Religion, Darstellendes Spiel) im Rahmen von Werterziehung.

Klettbuch 30646

Frank Schramm / Wolfgang Tietze / Elke Toubartz:

Zap Zoom Boom

Unterhaltung im Fernsehen

Ab Klasse 9

Das Fernsehen der 90er Jahre ist mehr denn je Unterhaltungsmedium und es umwirbt vor allem die Jugend. Lebendige Quellen, viele Fotos und abwechslungsreiche Aufgaben und Aktionen ermöglichen eine ebenso kritische wie spannende Auseinandersetzung mit dem Medium Fernsehen, das längst auch Sozialisationsinstanz geworden ist.

Klettbuch 30647

Joachim Fritzsche:

Rätselwerkstatt

Vom Buchstabenrätsel bis zum Rätselkrimi

Ab Klasse 5

Die „Rätselwerkstatt" zeigt, welche vielfältigen Lernmöglichkeiten in unterschiedlichen Rätselarten stecken, vom „Buchstabenrätsel" über „Scharade", „Rebus" und „Heiteres Personenraten" bis hin zu „Rätselkrimis", „Rätselhaften Fabeln" und „Gedichträtseln". Dabei geht es erst in zweiter Linie um das Lösen, in erster Linie aber um das Erstellen der Rätsel. Im Schülerteil wird das selbstständige Anfertigen der Rätsel kleinschrittig angeleitet, im Anhang finden sich didaktische Hinweise, Varianten und Beispiele von Schülern.

Klettbuch 30648